DR. CHRIST

supuestos y estilos de vida

Cómo determinan las cosmovisiones los valores que influyen en el comportamiento y conforman la cultura

P.O. BOX 1138 TYLER, TX 75710-1138

Editorial JUCUM forma parte de Juventud con una Misión, una organización de carácter internacional.

Si desea un catálogo gratuito de nuestros libros y otros productos, solicítelos por escrito o por teléfono a:

Editorial JUCUM
P.O. Box 1138, Tyler, TX 75710-1138 U.S.A.
Correo electrónico: info@editorialjucum.com
Teléfono: (903) 882-4725
www.editorialjucum.com

Supuestos y estilos de vida

Versión española: Iñaki Colera
Edición: Miguel Peñaloza

Publicado originalmente en inglés con el título de *Assumptions That Affect Our Lives: How Worldviews Determine Values That Influence Behavior and Shape Culture.* © 1989, 1996, 2006 by Christian Overman. Publicado por Ablaze Publishing Company, 2800 122nd Place NE, Bellevue, WA 98005 U.S.A.

Primera edición 2014

ISBN 978-1-57658-772-0

Impreso en los Estados Unidos

Dedicado al
Dr. Albert E. Greene, hijo
mentor y modelo
Con sincera gratitud y profundo aprecio

ÍNDICE

PREFACIO A LA 8ª EDICIÓN

Aunque la primera edición de *Supuestos y estilos de vida* se publicó hace veintitrés años, su importancia y la urgencia de su mensaje son hoy más acuciantes que cuando el libro apareció. Aparte de algunos ajustes secuenciales y algunas actualizaciones, el contenido básico sigue siendo el mismo desde su primera edición aparecida a fines de los «80». El capítulo 8 fue añadido en 2005.

El libro se propone examinar los temas de nuestro tiempo desde dos ángulos distintos: los mundos griego y hebreo de la antigüedad, con el propósito de lograr una nueva perspectiva de nuestra cultura y de los asuntos que influyen a nuestro tiempo. A veces, el enfocar problemas persistentes desde ángulos distintos, aporta una mejor comprensión. Ayuda a obtener una perspectiva de nosotros mismos, de nuestra sociedad y de los asuntos que nos rodean, nos permite alejarnos y divisar nuestra condición desde la distancia para contemplar «el bosque» o la «imagen completa». Este libro pretende hacer justamente eso, retroceder y observar los postulados fundacionales y creencias fundamentales que determinan los valores que influyen en el comportamiento y conforman la cultura —supuestos y creencias que se remontan hasta los hebreos y los griegos antiguos.

Las similitudes entre la cultura actual y la de la antigua Grecia durante sus últimas fases de decadencia dan que pensar. A no ser que medie una reforma amplia de pensamiento y acción, creo que nuestro declive moral proseguirá como el de la decadente Grecia de hace unos 2.400 años.

Sin embargo, este libro fue escrito bajo la convicción de que es posible invertir la actual decadencia y que las claves del cambio se hallan en un antiguo manual hebreo: La Biblia. Reconociendo nuestra situación presente desde la óptica de los antiguos, no sólo seremos capaces de contemplar mejor las cuestiones actuales tal como son, también comprenderemos qué debemos hacer para producir cambios. Porque cambios tiene que haber.

Pero los cambios culturales significativos sólo pueden tener lugar cuando cambian los valores subyacentes que influyen en la conducta. Y para que cambien los valores subyacentes, es preciso ir más allá y alterar algo más básico: la *cosmovisión.*

Este libro se basa en la premisa de que las cosmovisiones determinan los valores que influyen en el comportamiento y conforman la cultura, como se ilustra en el siguiente gráfico:

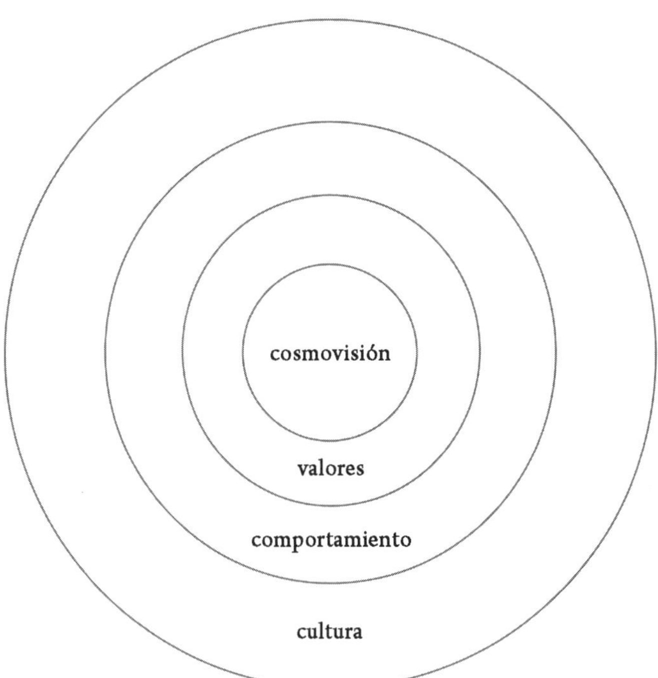

Una cosmovisión es como un gran «engranaje maestro» que mueve las «velocidades» que configuran y conforman la sociedad. En el fondo, una cosmovisión es la «gran imagen» de la realidad última que capta una persona, moldeada por supuestos inconscientes y creencias conscientes acerca de cinco cuestiones fundamentales: Dios, la Creación, la Humanidad, el Orden moral y la Finalidad o el Propósito.

Para ser específicos, todas las cosmovisiones se configuran por las respuestas que dan a las siguientes cuestiones: *1. ¿Quién o qué es la autoridad última o poder supremo?* («Dios»). *2. ¿De qué está constituido el universo y cómo llegó a ser?* (Creación). *3. ¿Qué son los seres humanos, de dónde venimos, qué sucede cuando morimos, y cómo conocemos la verdad?* (Humanidad). *4. ¿Cómo determina la gente lo que está bien y lo que está mal?* (El orden moral). Y *5. ¿Hay razón y propósito que justifique todo lo que existe?* (Finalidad o Propósito).

Este libro examina cómo las distintas respuestas a las cinco cuestiones básicas que se plantea una cosmovisión producen distintos valores, y por ende, distintos comportamientos. Examina cómo las respuestas a estas cinco cuestiones crean las corrientes culturales y contraculturales que actualmente se contradicen en los Estados Unidos y otros lugares del mundo.

Aunque el autor haya experimentado de primera mano el conflicto de cosmovisiones que tiene lugar hoy en EEUU, en otros países se diriment, en mayor o menor medida, conflictos similares. Es de esperar que todos los seguidores de Cristo que lean este libro en cualquier país entiendan mejor la guerra de cosmovisiones en la que están inmersos y se preparen para responder con sabiduría, compasión y autenticidad atractiva.

El objetivo general de este libro es ayudar a las personas a entender mejor los tiempos que corren para saber cómo actuar, como los hijos de Isacar en los tiempos antiguos, fueron «entendidos en los tiempos y supieron lo que Israel debía hacer» (I Crónicas 12:32). Hay una estrecha correlación entre entender los tiempos y saber lo que hay que hacer.

Los efectos resultantes de este libro deben ser: a) reconocer por qué tantos conceptos no bíblicos sobre la realidad son hoy aceptados; b) saber cómo responder idónea y adecuadamente a los vecinos y compañeros de trabajo que los han abrazado; c) comprender los peligros de los tiempos posmodernos para prevenir catástrofes morales; y d) abrazar la idea de que todo trabajo legítimo es obra de Dios para poder desempeñar nuestra labor diaria con profunda convicción, llenos de gozo y de propósito.

Comoquiera que la expresión «modelo hebreo» aparece a través de este texto, es necesario hacer una clarificación. Esta expresión se usa en este libro como contraste con el «modelo griego». En concreto, la frase modelo hebreo alude fundamentalmente al modelo de pensamiento y conducta revelados en la Biblia. Puede que algunos prefieran usar la expresión «modelo bíblico». Este es el modelo revelado en el Libro que nos permite entender el punto de vista bíblico de: Dios, la Creación, la Humanidad, el Orden Moral y el Propósito.

En segundo lugar, la expresión «modelo hebreo» hace referencia al modelo del antiguo Israel. No obstante, la manera en que los israelitas realmente vivieron no siempre estuvo en armonía con el modelo definitivo de la Palabra de Dios. A veces los antiguos hebreos demostraron lo que *debemos* hacer, y otras veces lo que *no* debemos hacer. En ambos casos, su experiencia es un modelo del que debemos aprender.

Como pueblo escogido para ser una cultura que honra a Dios en un mundo pagano, recayó sobre los hebreos una gran responsabilidad. Fueron escogidos para ser una cultura peculiar que siguiera los caminos de Dios en todos los aspectos de su vida: labores, economía y gobierno. Ellos debían ser un ejemplo para las demás naciones de las bendiciones que se desprenden cuando el pueblo ama a Dios y, también, lo que sucede cuando se olvida de Dios.

Pero al igual que en la iglesia actual los actos de algunos hombres y mujeres enturbian el claro mensaje de lo que debe ser un pueblo que honra a Dios, muchos hebreos antiguos desarrollaron sus propias tradiciones que les llevaron por el camino de una religión mortecina enfatizando la letra de la Ley y descuidando su espíritu. Tales aspectos de las costumbres hebreas antiguas deben ser dejados de lado, así como Pablo exhortó a Tito que no prestara atención a «fábulas judaicas ni a mandamientos de hombres que se apartan de la verdad» (Tito 1:14). En este sentido, la frase el «modelo hebreo» no representa el pensamiento ni las costumbres judías pasadas o presentes. Este libro no aboga para que los cristianos adopten costumbres culturales judías. El modelo último para el cristiano es la persona de Cristo.

Aun así, los seguidores de Cristo deben darse cuenta de que las piedras fundacionales bíblicas del antiguo Israel son también las suyas. Es importante limpiarles el polvo y contemplarlas de nuevo desde la perspectiva del hebreo antiguo, para lograr efectivamente la transformación cultural necesaria para cambiar los fundamentos del pensamiento griego por distintas piedras sobre las que edificar. Porque todos tenemos mucha remodelación que hacer.

Christian Overman, M. Ed, Min. D.
Director fundador
Worldview Matters®

www.biblicalworldview.com
www.biblicalworldviewmatters.blogspot.com
www.firstcommission.blogspot.com

CAPÍTULO UNO

DE ATENAS A JERUSALÉN

Un bombardero estadounidense con una tripulación de siete hombres despegó de una base aérea en el norte de África, durante la Segunda Guerra Mundial, para arrojar su carga de explosivos sobre la ciudad italiana de Nápoles. Cuando la misión se había cumplido, el avión y su tripulación emprendieron el vuelo de regreso a la base, pero nunca llegaron. Por muchos años el destino del *Lady Be Good* fue un misterio. Se pensó que el aparato se había quedado sin combustible y estrellado en el mar Mediterráneo. Pero en realidad, tenía combustible de sobra. Suficiente para recorrer más de 700 kilómetros más allá de su destino, hasta alcanzar el lugar donde fue descubierto 17 años después, en el desierto de Sahara.

¿Qué sucedió? Esa misma noche se levantó un fuerte viento de cola que hizo que el bombardero alcanzara la costa del norte de África mucho antes del tiempo previsto. Cuando sus instrumentos de vuelo indicaron que habían cubierto la distancia de regreso, la tripulación no lo creyó. Asumió que era imposible volar tan gran distancia en tan poco tiempo. Después de llegar a la conclusión de que el enemigo interfería en sus instrumentos, o que éstos no funcionaban como es debido, el oficial que dirigía la operación decidió continuar. Fue una decisión que costó la vida a la tripulación.

Tal vez nuestras circunstancias no parezcan tan dramáticas como las del bombardero, pero el principio es el mismo para nosotros como lo fue para ellos: detrás de las decisiones importantes se esconden supuestos aún más importantes.

Este libro trata de los supuestos que adoptamos y cómo influyen en nuestras vidas. Los supuestos moldean la forma de pensar, configuran los valores y dirigen las decisiones que subyacen detrás de nuestros actos. Influyen en la manera de relacionarnos con los demás y con quién pasamos el tiempo. En las votaciones y la forma de vestir. En las decisiones morales: matrimonio, jubilación. Por sólo mencionar algunos. Todas se basan en supuestos subyacentes.

Lo asombroso es que la parte del proceso de toma de decisiones basadas en dichos «supuestos» suele ser la que menos se examina. A menudo, es la parte en que apenas pensamos, la que damos por sentado. La aceptamos como algo «dado», porque no nos parece posible que pueda ser de otra manera, como la tripulación del bombardero que no creyó que fuera posible que su avión volara tan lejos en tan poco tiempo, y prosiguió su vuelo para llegar a conclusiones letales.

Pocos nos tomamos tiempo para cuestionarnos los supuestos que hemos abrazado. Sin embargo, acarrean un efecto tremendo en nuestra manera de vivir y de actuar. Y lo que es más importante, seguimos viviendo y actuando de cierto modo hasta que llegamos a convencernos de que nuestros supuestos necesitan cambiar. Pero una vez que éstos cambian, el cambio de conducta, obviamente, resulta mucho más fácil.

Solemos subestimar la importancia de los supuestos implícitos no declarados que se esconden tras las palabras pronunciadas y los actos visibles de los que nos rodean. Como un iceberg que flota en medio del océano y sólo es visible en un diez por ciento por encima de las olas, pero oculta el noventa por ciento debajo del agua, a veces perdemos de vista el hecho de que las palabras que oímos y leemos, y los actos ajenos que vemos, han sido antes moldeados por pensamientos invisibles, alojados en mundo invisible del corazón.

Es fácil ver cómo los supuestos de un individuo pueden influir en las decisiones que toma. Pero los supuestos además de influir en los individuos, repercuten también en las sociedades enteras.

Hace algunos años una pareja estadounidense viajó a través de una región remota de África del Sur y de repente se topó con un espectáculo insólito. Ante sus ojos apareció una aldea cuya arquitectura era notable. Todas las chozas eran exactamente iguales. Además de formar un círculo, con un tejado puntiagudo, todas ellas eran matemáticamente idénticas hasta el más mínimo detalle, sin que se apreciara la más mínima variación.

Los viajeros se acercaron a una familia que estaba construyendo una choza, cuyas dimensiones se ajustaban a las de la choza vecina. ¿Por qué? Había una razón. Esta tribu sostenía el supuesto básico de que era moralmente malo que un hombre tuviera más que otro. De aquí que todos los hogares tuvieran la misma forma y tamaño, sin tener en cuenta cuántas personas vivían dentro. Este supuesto cultural estaba tan arraigado que cualquiera que construyera una choza más grande podía ser expulsado de la tribu, o tal vez asesinado. El supuesto afectaba mucho más que a sus códigos de edificación. Esto calaba tanto en todo su estilo de vida, que ni siquiera tendían la ropa a secar a la vista de los otros miembros de la tribu.

¿Qué decir de nuestra sociedad? ¿Sostiene supuestos muy arraigados, implícitos, que influyen directamente y guían nuestra manera de pensar, vivir, trabajar y divertirnos? Respuesta: Sí.

Los supuestos culturales son, como el cimiento de una casa construida sobre el nivel del suelo, una parte muy importante del hogar, pero que no se suele inspeccionar. ¿Cuándo fue la última vez que uno se arrastró debajo de la casa para examinar los cimientos? Puede que nunca haya visto los cimientos de su casa. Supone que están allí, haciendo lo que deben hacer: sostener la casa.

Con este libro pretendemos encender la linterna y descender al espacio que subyace bajo nuestra cultura, por así decirlo, para echar un vistazo (o examinar detenidamente) las creencias que la sustentan. Nos proponemos descubrir por qué actuamos de cierta manera, y otros actúan a la suya. Descubriremos que la gente actúa de manera diferente porque sus pensamientos se asientan en distintos supuestos, lo que hace que vean el mundo a través de ventanas distintas. Si nos acercamos lo suficiente, descubriremos que hay una razón que justifica los actos y actitudes de la gente que sale en los periódicos, habla por teléfono y, aún más importante, vemos en el espejo. Y para ser sabios y discernir los tiempos en que vivimos, debemos descender al nivel de los supuestos de la conducta humana.

SUPUESTOS CULTURALES: ¿DE DÓNDE PROCEDEN?

Los novios comparecen ante el altar y el ministro les pregunta: «¿Qué prenda dan como símbolo de vuestro amor?» Respuesta: «Estas arras». En ese momento el que lleva los anillos de oro da un paso al frente y los presenta. El novio toma el suyo, sujeta la mano de su novia y desliza gentilmente el símbolo eterno en su delicado dedo anular. Es fácil entender por qué la gente exhibe anillos de boda. Además de ser recordatorio de los votos pronunciados y símbolo del amor personal, la presencia del anillo de bodas también indica que un hombre o mujer están casados. Pero ¿por qué se lleva el anillo en la mano izquierda en muchas culturas? ¿Y en el dedo anular? Si uno investiga el asunto, verá que la costumbre se remonta a los romanos. Ellos creían que una pequeña arteria, llamada *vena amoris*, o «vena del amor», corría desde el tercer dedo, o dedo anular, hasta el corazón. Se pensaba que llevar anillos en estos dedos unía los corazones y el destino de la pareja. Se escogió la mano izquierda porque estaba más cerca del corazón.

Los hábitos culturales no surgen de la nada. Aunque la gente que los practica haya olvidado por qué los hace, podemos estar seguros de que toda costumbre tuvo un momento histórico inicial. Aunque los hábitos culturales suelen cambiar con el tiempo, tienen raíces originales. Para los que vivimos en el mundo «occidental», nuestras raíces culturales se remontan principalmente a dos orígenes históricos: los griegos y los hebreos antiguos. Esto no quiere decir que no se pueda retroceder más en el tiempo. Pero en este libro nos ceñiremos fundamentalmente a los hebreos y los griegos porque ellos han influido profundamente en la mentalidad occidental hasta los tiempos actuales.

Desde el siglo V a.C., la mentalidad griega se ha infiltrado en Europa y el mundo occidental. E incluso los romanos asimilaron buena parte del legado cultural de los griegos que les precedieron. Los griegos colocaron las piedras angulares de la cultura occidental y conformaron nuestros fundamentos filosóficos, científicos, políticos y educativos, así como los deportes de competición y las artes creativas.

Culturalmente hablando, nadamos en sopa griega, estamos rodeados e inmersos en maneras de ver y de hacer que se retrotraen a ideas plantadas y cultivadas en un periodo de unos trescientos años (600-300 a.C.) por pensadores como Tales, Anaximandro, Sócrates, Platón, Aristóteles y otros que dejaron indiscutible huella, como veremos en los próximos capítulos.

En cuanto a los antiguos hebreos, su huella en Occidente también fue extensa y profunda. Nuestros conceptos de la moral, la ley y la ética tienen indudablemente su raíz en la Biblia, que es un libro hebreo singular. La justicia, la virtud, lo bueno y lo malo, el bien y el mal, son términos que encierran especial significado para los occidentales por cuanto son definiciones que proceden de Moisés y el monte Sinaí, y aparecen subrayadas en las Escrituras, así como en el Nuevo Testamento, que también es texto hebraico.

Decir que la Biblia es «hebraica», tanto el Antiguo como el Nuevo Testamento, es afirmar que sus autores humanos (con la excepción de Lucas) eran judíos. La Biblia fue escrita por hijos de Abraham, Isaac y Jacob, que crecieron, vivieron y murieron en una cultura peculiar con costumbres y supuestos singulares que les distinguieron enormemente de sus vecinos de muchas maneras. Las pautas del pensamiento hebraico fueron radicalmente distintas de las de los griegos. Hasta tal punto, que los antiguos hebreos no toleraban el estudio de la filosofía griega en sus escuelas.

En el Talmud, colección de escritos rabínicos antiguos que proporciona la base de la autoridad del judaísmo ortodoxo, se cuenta el caso de un joven que quería estudiar la «sabiduría griega». Se dirigió a su tío, que era rabino, con su solicitud. Su tío le recordó Josué 1:8, que habla de meditar en la Palabra de Dios de día y de noche.

«Ve, pues, y halla un tiempo que no sea día ni noche para aprender la sabiduría griega» (Menachot 99b).

Esta historia ilustra la gravedad del conflicto entre el pensamiento griego y el hebreo. Produjo una diferencia cultural tan profunda que el antiguo historiador Tertuliano preguntó: «¿Qué tiene que ver Atenas con Jerusalén?» La respuesta implícita, por supuesto, era: «Nada». Culturalmente hablando, los hebreos nadaban en una sopa muy distinta a la de Sócrates. La Biblia refleja esta diferencia de tapa a tapa.

No obstante, en otro sentido, podríamos afirmar que la Biblia no es un libro hebreo en absoluto. Su verdadero autor no es hebreo ni griego, sino Dios mismo. Por eso a menudo nos referimos a ella como «Palabra de Dios», como reconocimiento de la fuente de inspiración de las Escrituras. En última instancia, pues, la Biblia no es producto de ninguna cultura, judía o no judía. Pero debemos entender claramente que, aunque Dios inspiró las Escrituras, no pasó por alto las vasijas humanas a través de las cuales envió su mensaje. En un sentido muy práctico, Dios escogió comunicar su mensaje a través del lenguaje y el pensamiento humanos, tal como hablaba y entendía la gente común con la que se quería comunicar. Gente que vivía en una cultura particular, que comprendía ciertas formas de pensamiento y se aferraba a ciertas costumbres. Es decir, la Biblia no provino *de* la cultura hebraica, sino *a través* de ella.

El hecho de que Dios escogiera un grupo particular de personas para comunicar su Palabra, no rebaja la verdad de la inspiración divina. Ni niega el hecho de que el mensaje va destinado a todos los pueblos y culturas. Piense en esto: puesto que el mensaje vino a los judíos, Dios actuó de la manera más atenta y considerada: hablar de una manera que tuviera sentido para ellos. Por tanto, nuestra tarea ha de tener esto en cuenta y leer la Palabra de Dios como corresponde. Para entender la Biblia de la manera más plena y clara posible, haremos bien en leerla a través de los oídos y el entendimiento de las antiguas costumbres y cultura hebrea —maneras que a menudo contrastan con nosotros y con los antiguos griegos—. Llegados a este punto, sirvan de ayuda algunos ejemplos.

DIFERENCIAS ENTRE EL PENSAMIENTO GRIEGO Y EL HEBREO

Juan y Marta, la joven pareja que en este mismo capítulo vimos ante el altar, estaban perdidamente enamorados. Durante la ceremonia, mientras se cantaba el solo «Te amo de verdad», los dos novios parecían estar totalmente enajenados en su propio mundo. Aunque no quería escuchar su conversación, el ministro no pudo evitar oír los débiles susurros que se dirigían mientras se miraban a los ojos:

> Juan: «Cariño, tu vientre es como un montón de trigo».
> Marta: «Amor mío, dices cosas muy amables».

¿Suena un poco extraño? No le habría parecido nada raro a Salomón, o a la doncella a quien declarara estas palabras hace unos 3.000 años, como aparece en el Cantar de los Cantares, capítulo 7, versículo 2. Pero si uno se imagina que la amante de Salomón tiene un estómago grande y redondo, su experiencia se acercará más a la mentalidad griega.

Hay algo en nuestra mentalidad griega que anhela impresiones fotográficas. Le ruego que no malinterprete esto, ni lleve las cosas demasiado lejos. No hay nada malo en las imágenes fotográficas. Se trata sólo de lo siguiente: nosotros, como los antiguos griegos, nos fijamos en el impacto que nos producen las cosas tal como las experimentamos con nuestros ojos.

Por ejemplo, los griegos fueron pioneros en esculturas tridimensionales. Sus diseños arquitectónicos destacan hoy como maravillas del mundo clásico, con columnas a veces más anchas en la parte superior que en la base, o a veces más anchas en la parte central, por ninguna razón práctica, salvo la atracción que provoca en los sentidos. En su literatura, como por ejemplo la *Ilíada* o la *Odisea* de Homero, se suelen encontrar vívidas imágenes llenas de color y detalle, como en una producción cinematográfica. Por ejemplo, se describe el mar como «agua color vino azul», y cuando Ulises construye su balsa, se le describe talando altos árboles con hacha de bronce y asa de madera de olivo y trazando una línea con tiza para colocar las tablas completamente rectas.

Para los hebreos, por otra parte, lo que más importancia tiene es la esencia de las cosas. Para ellos el contenido es lo primero, mientras que la forma externa es secundaria.

Por ejemplo, en la descripción del arca de Noé se nos da el tipo de madera usada, la longitud, anchura y altura, la abertura a modo de ventana en la parte superior, una puerta lateral y una construcción interna de tres niveles. En suma, se nos da a conocer el arca como una embarcación de madera, estanca, dentro de la cual podía circular el aire y lo bastante grande como para albergar toda la carga necesaria.

La esencia de la cuestión es que el barco era grande, apto para navegar y completamente funcional. Sin embargo, no se nos facilitan detalles visuales de la forma del buque. ¿Tenía una proa afilada, o redonda, o cuadrada como la de una barcaza? ¿Era el techo plano o inclinado? Si estaba inclinado, ¿era su inclinación suave o acentuada? Tampoco se facilita descripción alguna de las herramientas que usó Noé ni de la manera en que hizo su trabajo. No se menciona el color de las aguas del diluvio, aunque lo más probable es que fueran «marrones oscuras».

¿Significa esto que el color y las impresiones visuales no eran importantes para los hebreos? Por supuesto que no. El color y la forma revestían a veces de gran importancia, especialmente cuando acarreaban algún significado esencial, como los diversos materiales y el mobiliario usado en el tabernáculo. Sucede, no obstante, que el color y el impacto visual no son esenciales para el significado y la importancia del arca de Noé y su mensaje.

Esta tendencia a ver el mundo a través de la ventana de la «esencia» se suele apreciar en la descripción bíblica de las personas. Aparte de decir que una persona era hermosa (como Ester), o apuesto (como David), o sin parecer (como el Mesías), las Escrituras no proporcionan detalles físicos. Es significativo notar que en los cuatro relatos evangélicos de la vida de Cristo, ningún autor facilita una descripción física de Jesús. Piense en esto un momento. Si usted mismo hubiera escrito uno de los Evangelios, ¿no habría dibujado al menos con una pincelada breve los atributos físicos del Señor? El hecho es que ni siquiera sabemos si era alto o bajo. Pero anhelamos conocer su apariencia, como queda evidenciado en los muchos cuadros de Cristo pintados por diversos artistas, con el aspecto que ellos se imaginaron que tenía.

El principal foco de atención de la Biblia en Jesús es sobre su pensamiento, su discurso y su interacción con las personas. La esencia de su ser es el punto focal. Sus cualidades internas, no tanto su forma externa. Su «contenido», no su «forma». Esto, pues, explica el misterio de las extrañas palabras de Salomón a la doncella, cuando le dijo: «Tu vientre es como montón de trigo». Es preciso leer y entender estas palabras en términos de su esencia y características internas (contenido), no de imagen fotográfica o descripción de forma externa. Salomón describió el vientre de la esposa no como apareció ante sus ojos, sino como lo evocó en su alma.

¿Cuál es la esencia de un montón de trigo? Abundancia de fruto y cosecha abundante. Por lo que respecta a las cualidades de una joven, comunicaría la esperanza de criar muchos hijos, algo muy valioso para el hombre de Oriente Medio. Examinando más detenidamente el «lenguaje amoroso» de Salomón, uno encuentra descripciones más insólitas. Tómese, por ejemplo, esta línea: «Tu nariz, (es) como la torre del Líbano, que mira hacia Damasco». O esta otra: «Tu cuello, (es) como la torre de David, edificada para armería [¡almacén para armamento militar!]. Mil escudos están colgados en ella, todos escudos de valientes». ¿Qué trataría de comunicarle? Con frases como éstas, uno podría cuestionarse seriamente la sabiduría de Salomón, si, en efecto, no entendiera su forma de pensar.

La esencia de sus palabras tiene mucho que ver con la idea de que aquella joven no era una mujer ordinaria. Puede que tuviera una nariz grande, pero ésta no era la esencia de su mensaje. Tenemos delante una mujer apta para ser reina. Firme, majestuosa, sólida y segura; en comparación, ella destacaba por encima de la multitud. Además, esta mujer despertó la masculinidad de Salomón, como el olor de la batalla a un guerrero. No cabe duda que él quería conquistarla. Ella suponía un gran premio para él, como la armería de David para dotar a mil soldados en tiempo de guerra. Suponía un reto que aquel antiguo rey Romeo no podía dejar pasar. Un trofeo más valioso que ninguno.

Tales contrastes entre el pensamiento griego y el hebreo han fascinado a eruditos e historiadores por siglos. Algunos creen incluso que los hebreos y los griegos percibían el tiempo de manera distinta. Los griegos, por ejemplo, parece que interpretaban la historia como un ciclo interminable de repeticiones sin propósito. La gente nacía, vivía y moría, y luego venían otros que seguían sus huellas. Se construían casas que se deterioraban con el tiempo y eran sustituidas por otras nuevas que corrían la misma suerte. Las plantas y los animales pasaban todos por el mismo ciclo y la historia discurría en círculos y se repetía sin que asomara un destino a la vista. Los hebreos, por otra parte, entendían que la historia de la humanidad avanzaba hacia un destino final. Había tenido un comienzo definido y se dirigía hacia un objetivo claro, que culminaría en el reino mesiánico del Redentor de Israel. Su concepción de la historia era rectilínea, se movía hacia el futuro como una flecha hacia su diana.

El propósito de este libro es examinar los supuestos fundacionales que conformaron las distintas maneras en que los griegos y los hebreos pensaban y actuaban, cómo se trataban unos a otros, criaban a sus hijos, realizaban su trabajo y daban culto. Y a medida que avanzamos en nuestra indagación, nos haremos preguntas, haremos observaciones y trazaremos paralelos entre los antiguos y nosotros mismos.

Compararemos nuestras propias creencias con las suyas, descubriremos similitudes y diferencias, con objeto de entender más claramente las enormes diferencias entre el pensamiento bíblico y el pagano. Al consumir sus páginas, comprenderemos mejor cuáles deben ser los supuestos básicos de los cristianos que creen en la Biblia, y esperamos ver más claramente qué significa pensar de forma bíblica en una cultura predominantemente anti-bíblica en la que nos movemos actualmente.

LA MENTALIDAD CRISTIANA Y EL PENSAMIENTO GRIEGO

Respondamos a este breve cuestionario histórico. ¿Qué tiempo y lugar de la historia enmarcan las siguientes declaraciones?

- La gente, especialmente la gente educada, ha rechazado la religión tradicional.
- Se han aceptado las religiones orientales.
- Se practica la astrología.
- El patriotismo ha decaído.
- Los hombres practican costumbres que antes se consideraban afeminadas.
- Las clases altas se consumen en la búsqueda del placer.
- La educación enfatiza el conocimiento más que el carácter, y produce masas con una educación mediocre.
- Los certámenes atléticos y olímpicos se han convertido en concursos profesionales.
- La homosexualidad está extendida.
- Los hombres que desean ver mujeres desnudas no tienen que ir muy lejos para encontrarlas.
- Los argumentos actuales están llenos de seducción y adulterio.
- Los movimientos feministas de liberación han conducido a la mujer a asumir papeles activos en una cultura previamente machista.
- La maternidad se ha devaluado, y el tener hijos se considera un inconveniente.
- Se practica comúnmente el aborto, así como el infanticidio.

Las similitudes entre la Grecia decadente y el Occidente actual son claras y aleccionadoras. Aún más lo es el hecho de que muchas de estas características que tan acertadamente describen el mundo occidental hubieran sido inimaginables hace sólo dos generaciones. Hemos recorrido una gran distancia en muy poco tiempo. Las características de la antigua Grecia antes mencionadas son referidas por el historiador Will Durant en su bien conocida obra *La vida de Grecia* publicada en 1939.[1] Él comenta estas características de la cultura griega en la última parte de su libro, en la subsección titulada: «*Historia de la civilización tomo IV y V*». Así fue Grecia al final de su vida.

Algunos lectores tal vez se pregunten cómo puede ser que el infanticidio sea una marca distintiva actual de la cultura occidental. Pero, por ejemplo, en el año 2000, la semejanza de EEUU con una Grecia agonizante se materializó cuando un Tribunal Supremo de EEUU revocó una ley del Estado de Nebraska que prohibía el llamado «aborto por parto parcial». Este procedimiento no es más que un infanticidio flagrante, en su forma más cruel y dolorosa. Abraza el supuesto pagano de que es mejor frustrar la vida de ciertos niños. Ya en 1973, James D. Watson, galardonado con el premio Nobel, instó: «Si el niño no fuese declarado vivo hasta tres días después de su nacimiento, entonces todos los padres podrían elegir, cosa que ahora sólo algunos pueden decidir bajo el sistema presente. El médico podría dejar que el niño muriese si los padres lo decidieran y así salvar mucha miseria y sufrimiento».[2] La sugerencia del Dr. Watson recoge lo que ya circulaba por la antigua Grecia. En Atenas se concedía a los padres diez días para decidir si aceptaban o no al recién nacido en la familia.

Por lo que respecta a los abortos en Atenas, los médicos no los practicaban porque el Juramento Hipocrático de ética médica no lo permitía. Fue la comadrona griega quien adquirió experiencia y pasó por alto la ley.[3] Pero el médico contemporáneo ya no se sujeta a esa ética. Sí, hemos llegado muy lejos en poco tiempo, y por lo que se refiere a este particular hemos sobrepasado a los griegos en nuestro declive moral. ¿Quién habría pensado hace sólo dos generaciones que los estadounidenses iban a permitir la matanza legal diaria de 4.000 niños abortados en este país?

Recuerde la lección del *Lady Be Good*, el bombardero de la Segunda Guerra Mundial inadvertidamente atrapado en un potente vendaval nocturno que soplaba de cola mientras regresaba al norte de África. El capitán y la tripulación asumieron el supuesto fatal de que no era posible cubrir un trayecto tan largo en tan breve tiempo. Puede imaginarse lo que sintieron cuando al final se dieron cuenta que se habían adentrado tanto en el desierto de Sahara que era imposible regresar. Quedarse sin combustible y caer sobre la arena eran ineludibles. También se puede imaginar lo que les pasó por la cabeza cuando a la mañana siguiente miraron en derredor bajo el sol abrasador y vieron que estaban rodeados de arena hasta donde alcanzaban a ver. Lo único que pudieron hacer es intentar salir de allí. Y murieron en el intento.

La tragedia es que sus instrumentos les proporcionaron las señales que necesitaban para llegar con seguridad a su destino mientras aún tenían bastante combustible. Como sociedad, nos estamos alejando de la ruta y quedándonos rápidamente sin combustible. La cuestión que cabe preguntarse es ¿cambiaremos de rumbo para alejarnos del peligro antes de seguir la ruta de la antigua Grecia y del *Lady Be Good*? La situación presente es crítica. Como ha declarado cierto senador, «la evidencia sólo está escondida para los ciegos».

En 1989, se constituyó una comisión nacional por la American Medical Association con el propósito de evaluar a la juventud estadounidense. La comisión llegó a la conclusión de que nuestra juventud se hallaba en estado de «emergencia nacional», y que afrontamos una «crisis juvenil sin precedentes». Titularon su informe *Código Azul*, que en un hospital significa situación de emergencia, cuando los especialistas se apresuran a la cabecera de un paciente que está en peligro de muerte. El grado de la crisis es evidente si uno constata que hoy hay guardas de seguridad patrullando por los pasillos de muchas escuelas públicas. Los profesores y los alumnos ya no se preocupan de las bolitas de papel, lo que les preocupa son las balas.

A medida que nuestras sociedades vuelan hacia el desierto, en el panel de instrumentos del avión se han venido encendiendo indicadores de luces intermitentes y testigos de alarma por bastante tiempo. La pregunta es ¿cómo ha respondido nuestra cultura a las luces testigo y los avisadores de alarma? Básicamente, hay dos maneras de hacerlo. Una es cambiar de dirección y recuperar la ruta de vuelo correcta. La otra es sustituir el panel de instrumentos por otro que carezca de luces intermitentes y de sonidos que avisen cuando el aparato se aleja de la ruta marcada.

Lamentablemente, nuestra sociedad en su conjunto ha optado por la segunda elección. Gradualmente, en los últimos setenta y cinco años, el panel de instrumentos que utilizaron nuestros abuelos para navegar ha sido reemplazado por otro distinto, cable por cable, botón por botón. No ha sucedido en un solo día, sino en un periodo de pocas generaciones; los supuestos culturales antes vigentes han sido sustituidos por otros nuevos. Es decir, nuevos para nosotros, pero conocidos por la historia. Ya que sobre estos mismos supuestos edificaron los griegos su cultura, para derrumbarse a los pies de los romanos. Y como el caballo de Troya, los romanos asimilaron muchos supuestos de los griegos en su propio imperio, lo que acabaría conduciendo a su propio hundimiento interior. Nuestra cultura ha hecho lo mismo y estamos experimentando resultados similares.

¿Y cuáles son esos supuestos griegos? Los percibirá claramente cuando examinemos las respuestas que dieron a los siguientes tipos de preguntas en los próximos capítulos:

- ¿Cómo se originó la vida?
- ¿Qué es la naturaleza?
- ¿Quién o qué es Dios?
- ¿Qué es el ser humano?
- ¿Cómo sabemos qué es realmente verdad?
- ¿Qué es la moral y cómo se determina?
- ¿Qué determina el valor de los niños?
- ¿Qué papel deben desempeñar los padres en su crianza?
- ¿Qué es la religión?
- ¿Cómo encaja la religión en la empresa y la vida pública?
- ¿Qué es «sagrado» y qué es «secular»?
- ¿Para qué vive y trabaja el hombre?

Todas éstas y otras preguntas componen el contenido de este libro. Por tanto, empecemos echando un vistazo a la cuestión de los orígenes. Es probablemente el mejor lugar para empezar, ya que las respuestas a muchas otras preguntas dependen de cómo respondamos a ésta.

RESUMEN DEL CAPÍTULO UNO: PERSONAS, LUGARES Y CONCEPTOS CLAVE

La función de los supuestos en las decisiones que tomamos.
Occidente como mezcla cultural de supuestos hebreos y griegos.
Los síntomas culturales de la decadencia moral.
La importancia de cuestionarse los supuestos.
Las similitudes entre la decadente Grecia y el presente.
Las principales contribuciones de los griegos a nuestra cultura.
Las principales contribuciones de los hebreos a nuestra cultura.

Para la profundización y el debate

1. Lea un periódico local, examine asuntos y sucesos actuales y trate de identificar posibles supuestos no declarados detrás de las palabras o hechos visibles presentados.
2. «Para entender el presente es preciso entender el pasado». Explique y justifique esta declaración con ejemplos.
3. Identifique un ejemplo de un cambio de supuesto en nuestra cultura experimentado en los últimos cincuenta años. Mencione los efectos específicos que este cambió ha provocado en nuestra sociedad.
4. Mencione sus «supuestos vitales» personales y dé ejemplos de cómo estos supuestos le han influido en la práctica.
5. Si la perspectiva hebrea prefiere el contenido a la forma, o la esencia antes que la forma, o el carácter a la reputación, considere cómo esta mentalidad podría repercutir en la vida: en las esferas de la educación, la iglesia, el gobierno y la paternidad.

6. Identifique supuestos específicos que reflejen una perspectiva «hebraica» en las cuatro áreas mencionadas. Mencione comportamientos o elecciones que podrían tener lugar como consecuencia de estos supuestos. Por ejemplo, un supuesto «hebraico» en relación con la iglesia podría ser: «Una iglesia no es un edificio, sino un organismo vivo». Algunas consecuencias de tal forma de percibir la iglesia podrían ser: en China, cuando el estado cerró los edificios de muchas iglesias, los que entendieron que la iglesia era un organismo y no un edificio, actuaron como iglesia «grupos-célula» en hogares, por toda la nación.

CAPÍTULO DOS

¿QUIÉN HACE LA NIEVE, DIOS O LA MADRE NATURALEZA?

Los dibujos animados de Bill Keane, en The Family Circus, retrata a la hijita Dolly de pie ante la ventana del salón de estar contemplando el jardín cubierto de nieve. El subtítulo reza: «Lo he olvidado. ¿Quién nos da la nieve, Dios o la madre Naturaleza?».

No es de extrañar que Dolly esté confundida. Ella va a la iglesia los domingos y allí le dicen que Dios es el Creador de todas las cosas, pero cuando llega a casa y enciende la tele para admirar un interesante programa sobre la vida salvaje, lo único que menciona es la madre Naturaleza, con N mayúscula. ¿Naturaleza con N mayúscula? Sí. Aunque no la solamos ver escrita con mayúscula, sí solemos oírla con N mayúscula. Intente sintonizar con uno de esos programas sobre la naturaleza y oirá su nombre con frecuencia. Usted admira en la pantalla un ejemplo extraordinario de la conducta particular de un animal y oye al narrador atribuir este poder maravilloso a la obra admirable de la 'Naturaleza'. ¡Es verdaderamente asombroso lo que la Naturaleza ha hecho de sí misma!

Quizás haya visto un anuncio en la publicidad de su periódico que dice algo así como: «la Naturaleza nos ha hecho las islas más hermosas del mundo. Y cierta agencia de viajes hawaiana ha conseguido que nos las podamos permitir». Pero ¿cree hoy realmente la gente que la naturaleza se crea a sí misma? Lo cree. Fíjese en esta definición de naturaleza de la tercera edición del diccionario completo de Merriam-Webster (1993): «*Agente, fuerza, o principio creativo que controla y opera en algo y determina entera o principalmente su constitución, desarrollo y bienestar; como una fuerza o agencia en el universo que actúa como inteligencia creativa y directiva*».

Según esta concepción de la Naturaleza, Ella es claramente la fuente de su poder creativo, como si fuera una especie de inmensa y perpetua máquina en movimiento que se creó a sí misma (nada menos que inteligentemente) y se mantiene por sí misma.

A Noah Webster no le agradaría esta definición. Esto resulta patente por la forma en que el diccionario Webster original definió la naturaleza en su famosa edición de 1828. Esta definición ilustra de forma trágica cuánto han cambiado desde entonces los supuestos culturales relativos a la naturaleza. Noah Webster dice que la naturaleza es «un vocablo que comprende todas las obras de Dios; el universo». Y después cita a Alexander Pope, quien recomienda «observar en la naturaleza al Dios que la ha creado». Y como para cerciorarse de que nadie malentiende el significado de la palabra naturaleza, escribió estas notables palabras.

> Por la expresión «árboles y fósiles son producidos por la naturaleza», damos a entender que son formados o producidos por ciertos poderes intrínsecos a la materia, o que son producidos por Dios, el Creador, el Autor de todo lo creado o producido. La opinión de que las cosas son producidas por poderes intrínsecos a la materia, con independencia de un autor supremo inteligente es ateísmo. Pero generalmente los hombres dan a entender por naturaleza, así usada, al Autor de las cosas creadas, o la operación de su poder.

Si Noah Webster viviera hoy, descubriría atónito que cuando nuestros contemporáneos usan la palabra naturaleza, ya no quieren decir el «Autor de las cosas creadas, o la operación de su poder», sino una fuerza auto-creadora y auto-sustentadora que opera «por los poderes intrínsecos de la materia, con independencia de un autor supremo inteligente». En los días de Webster, líderes respetables aludían a las «leyes de la naturaleza y al Dios de la naturaleza». Hoy, no obstante, se oye decir «leyes de la naturaleza», mientras que ya no se menciona al «Dios de la naturaleza». Esto es así porque la idea que prevalece hoy sobre la Naturaleza carece de Dios bajo cuyas leyes funciona. La Naturaleza *es* Dios, y funciona según sus propias leyes creadas, siendo ley para Sí misma.

Así pues, la pregunta sobre el origen de la vida es fácil de responder. ¿Cómo se originó la vida? Se hizo a Sí misma. Este gran supuesto, tan dominante y comúnmente aceptado hoy, no es en modo alguno nuevo. Las raíces de esta idea se remontan a un tiempo y lugar históricamente concretos. Un tiempo y lugar que ya habrá adivinado. Hace más de 2.500 años, en la costa occidental de la actual Turquía vivían los griegos jónicos. Allí cobraron forma ciertas ideas singulares acerca de la naturaleza, bajo la dirección de Tales. Cuando los griegos nombraron a los Siete Sabios, el primero de ellos fue Tales. Hoy suele ser conocido como Padre de la Filosofía Occidental. A él se atribuye el desarrollo de la que los historiadores denominan «Ciencia Jónica de la Naturaleza».

La Ciencia Jónica de la Naturaleza fue una idea verdaderamente notable y extraordinaria. Acarreó una manera totalmente nueva de ver la realidad. Antes de ese tiempo, los hombres atribuían la actividad de la naturaleza a varias fuerzas sobrenaturales invisibles que operaban detrás de bastidores. Para la mayoría de los griegos antiguos esto significaba la obra de numerosos dioses sobre la cima del monte Olimpo, o miles de espíritus de todo tipo y función.

Lo que cabe destacar de los jónicos es que, hasta donde se conoce, fueron los primeros en la historia que descartaron la realidad sobrenatural. Mientras los pueblos que les rodeaban rendían homenaje a las deidades del trueno, el espacio y el fuego, los jónicos iniciaron el movimiento «los dioses están muertos» que nunca se ha detenido. Allí nació el pensamiento secular. En cuanto a los filósofos de la Naturaleza, como Tales y su discípulo Anaximandro, lo único que existía era la Naturaleza. Nada más.

Armado con esta idea verdaderamente revolucionaria, Anaximandro se atrevió a dar una explicación del origen de la vida. Su respuesta, ofrecida casi 600 años antes de Cristo, decía así: Los primeros seres vivos se desarrollaron en el agua. Cubiertos de dura corteza, con el tiempo vararon en orillas secas y se tostaron al sol. Después de un tiempo, la dura costra exterior se resquebrajó y las criaturas siguieron viviendo.

Pero el origen del hombre, dijo Anaximandro, fue un poco diferente. Desde luego, él también surgió del mar, pero habría sido imposible para el hombre sobrevivir en su forma actual. Porque sólo el hombre pasa por un periodo de infancia desvalida, y requiere una cantidad considerable de alimento y cuidado antes de valerse por sí mismo. No, dijo Anaximandro «el hombre surgió de otro animal, es decir de un pez, al cual se asemejaba al principio».[4]

¿Seiscientos años antes de Cristo? Diríase que la teoría de la evolución fue concebida por Charles Darwin en el siglo XIX. Mucha gente tiene esa falsa impresión. Por supuesto, Darwin desarrolló la teoría enormemente, y la dio forma en libros populares, pero la idea de que el hombre había existido anteriormente bajo la forma de «otro animal» proviene de los antiguos griegos. El científico griego más famoso, Aristóteles, que vivió unos 250 años después de Anaximandro y 350 antes de Cristo, creyó que el mono era una forma intermedia del hombre. El «Padre del Método Científico», como se le suele conocer hoy, clasificó al hombre como animal y lo distinguió de otros animales en esto: El hombre es un animal racional.

Aristóteles también creyó que las formas de vida surgieron espontáneamente de la materia inerte. La cuestión de cómo pudo haber esto sucedido no representaba un grave problema. La idea de la generación espontánea de la vida orgánica a partir de la materia inorgánica tiene su origen en la religión antigua, se remonta al amanecer de la civilización griega.

Los primeros griegos sostenían que las formas de vida debían su origen a la misma tierra. Que la Madre tierra había dado origen a todo tipo de planta y animal. Por supuesto, este poder incognoscible, impersonal, no era una madre que respirara, pensara o fuera afectuosa como la madre que nos dio la vida, pero tenía vida por sí misma. Era una vida engendrada por sí misma y desde sí misma. Una fuerza amorfa, informe y misteriosa, no actuaba con racionalidad humana, sino como flujo de energía al azar sobre todas las cosas, indiferente a los deseos de los hombres. Todos los seres vivos debían su existencia a esta energía creativa, y nadie podía escapar al zarpazo ineludible de la muerte. Al final, siempre se salía con la suya, atrayendo toda forma de vida a sí misma como una gravedad inescapable.

Esta fatídica atracción de las formas de vida hacia sí de la Tierra se consideraba justificable porque toda vida orgánica se sustentaba a costa de otros seres vivos. Esto se consideraba una gran injusticia, ya que una forma de vida exigía la muerte de otra. Esa expresión de orgullo acababa siendo vengada por la Madre Tierra. En Grecia, este tirón irresistible se denominaba *anagke,* que traducido significa «necesidad fatídica, imperiosa».

La fuerza misteriosa de la Naturaleza fascinó a filósofos-científicos griegos como Aristóteles, quien observó árboles atraídos por la luz y concluyó que se trataba de un poder dentro del mundo material que lo impulsaba a comportarse de aquel modo. La Madre Naturaleza no era en absoluto humana, ni personal en modo alguno. Pero ciertamente era una energía activa, todopoderosa, auto-creadora y auto-sustentadora. Anaximandro la llamó lo «Indefinido-Infinito». Aristóteles la llamó «Dios». Actualmente, la «espiritualidad alternativa» también usa el término «Dios». Algunos la llaman sencillamente la «Fuerza», un campo de energía creado por todos los seres vivos. Nos rodea y nos inunda. «Mantiene unida la galaxia», como dijo Obi-wan Kenobi a Luke Skywalker en la Guerra de las Galaxias, una de las películas estadounidenses más famosas.

No importa cómo se llame, la idea era absurda para el hebreo de la antigüedad.

EL EXTRAORDINARIO DIOS HEBREO

Imagínese que hace una tarde calurosa de verano y que está en el porche de su casa, dedicado a sus cosas, relajándose bajo la fresca sombra de un roble gigante. Pone un poco de Pepsi en un vaso con cubos de hielo y sorbe un buen trago. En la polvorienta distancia, logra detectar tres hombres que se acercan lentamente hacia su casa, uno de los cuales es el Señor Dios.

Corre hacia a su encuentro, les saluda y les invita a sentarse a la sombra del árbol. Va rápidamente al congelador y echa mano de las costillas que ha estado reservando para una ocasión especial, e insiste en que se queden para una barbacoa. Y el Señor le dice: «Nos gustaría, gracias».

¿Un poco raro? Claro que sí. ¿Inconcebible? Realmente no. Ya que ésta, con excepción de la Pepsi y del congelador, fue la experiencia que tuvo Abraham un cálido día en el desierto, cuando estaba sentado a la puerta de su tienda junto a los robles de Mamre. El Señor se dirigía hacia Sodoma y Gomorra para castigarlas (sólo Él podía hacerlo), pero de camino, se detuvo en la tienda de Abraham y Sara para anunciarles que pronto tendrían el hijo que hacía tiempo les había prometido, el hijo necesario para que Abraham llegara a ser una nación poderosa, a través de la que todas las naciones de la tierra serían bendecidas. (Puede leer acerca de esta inusitada visita en Génesis 18).

¿Se ha detenido alguna vez a considerar cuán extraordinario es el Dios de la Biblia? Él ha creado las galaxias con su palabra: «Sean…», y de pronto surgen de la nada. Dice al agua, la atmósfera y la tierra seca que ocupen su lugar en el planeta Tierra, y luego hace existir las plantas y los animales. Crea al hombre y la mujer y les coloca en un huerto bien regado. Y, por si todo esto no fuera suficientemente maravilloso, camina por el huerto en el frescor del día, y sostiene conversaciones con el hombre y la mujer como un padre se comunicaría con sus hijos.

David escribió en el Salmo 86: «Ninguno hay como tú entre los dioses». Y tenía buen motivo para decirlo. El Dios de Abraham, de Isaac y de Jacob es totalmente singular. Compare a este Dios con los dioses griegos del monte Olimpo. Eran seres muy personales a buen seguro. Reían, lloraban, se comunicaban con los hombres y tomaban decisiones mediante actos de voluntad. Incluso tenían hijos. Pero los dioses de Homero tenían un poder limitado. No conocían todo lo que había que conocer. No podían estar en todos los sitios al mismo tiempo. Eran impotentes en ciertas situaciones. De hecho, fue precisamente la semejanza humana de los dioses del Olimpo lo que suscito su rechazo por los filósofos griegos, ya que eran demasiado humanos para ser divinos.

Compare el Dios de Abraham con la concepción jónica de la Naturaleza que aún pervive entre nosotros. Aunque la Naturaleza es omnipotente y omnipresente y no conoce límites a su presencia y su poder creativo, no es personal. No es un ser con quien se conversa o a quien se conoce de una manera personal. No ama. No razona. Opera aleatoriamente, sin razón de ser ni propósito en mente. Por azar se hizo a sí misma. Por azar fabricó aminoácidos. Por azar se combinaron éstos para formar la vida. Por azar produjo un pez, un mono, un hombre. ¿Cuánto azar es ya demasiado? ¿Cómo mejoran los supuestos ocultos la credibilidad del azar?

Lo que hace que el Dios hebreo sea tan extraordinario entre los dioses es esto: sólo el Dios de Israel es plenamente personal e infinito al mismo tiempo. Jamás ha habido (ni habrá) Dios como Él. Se relaciona con las personas en un plano que ellas pueden entender, y, sin embargo, Él es quien creó toda la materia, la energía y el tiempo. Éstos no le controlan. Trasciende el cosmos y existe independientemente de la naturaleza. No se sujeta al escrutinio de manos humanas y de ojos que buscan pruebas de su existencia mediante la observación y la medida, sino que se revela al humilde que le busca con todo su corazón. Su existencia no se puede explicar. Hay que acercarse a Él creyendo con la sencillez de un niño. Sólo se nos dice que ha sido siempre y siempre será y que no cambia. Su posición de total soberanía es absoluta, sin reservas, incondicional y completa. Él es Señor sobre todo lo creado y no hay nada en el universo que haya venido a ser aparte de su acto creativo.

La naturaleza es resultado de la creación, no causa de ella. Dios, el Creador personal e infinito, es distinto de lo que ha creado, con lo cual no se puede comparar ni confundir. La existencia de la naturaleza depende de Él y ha estado sometida a su autoridad desde el principio. La naturaleza no es su propia dueña. No apareció en escena hasta que Dios dijo: «Sea…», y no desaparecerá hasta que Él diga: «No sea más…». Mientras tanto, Dios sujeta todas las cosas con su poder presente, activo y sostenedor. Como dijo Pablo en Hebreos 1:3: «Quien sustenta todas las cosas con la palabra de su poder». Donde los griegos vieron leyes *de* la Naturaleza, los hebreos vieron leyes *sobre* la naturaleza.

Cuando observamos la creación [palabra mucho más adecuada que «naturaleza»], no debemos tomarla por sentado. No está «ahí» ni sigue estando ahí porque sí. Recibió la existencia gracias a un acto premeditado de Dios, y el hecho mismo de que la creación siga hoy existiendo es una maravilla tan grande como su aparición original. No debemos considerar la creación como mero acto en el pasado, sino como obra continua en el presente. No es como si Dios hubiera mandado existir a la creación en algún momento pasado y ahora funcionase bastante bien por sí misma. Dios no creó en el principio un reloj de pulsera cósmico, no le puso una pila auto-recargable y lo dejó completamente a su aire, funcionando conforme a las llamadas leyes «naturales». Mire a través de su ventana una vez más. El presente es tan magnífico como el principio, la propia existencia continua del universo es tan asombrosa como su irrupción original.

A este respecto, pues, cabe decir que la propia naturaleza es innatural. Es decir, si no fuera por el acto sobrenatural continuo de creación-sustentación divina que mantiene todas las cosas sujetas, la naturaleza no sería más. En términos de lo que la mayoría de la gente piensa sobre lo natural y lo sobrenatural, lo natural ha venido a significar «la operación normal de un sistema autónomo», mientras que lo sobrenatural hace referencia a la «intervención de Dios en ese sistema». Este concepto no es bíblico. Colosenses 1:16-17 revela: «Porque en él [Cristo] fueron creadas todas las cosas, las que hay en los cielos y las que hay en la tierra, visibles e invisibles; sean tronos, sean dominios, sean principados, sean potestades; todo fue creado por medio de él y para él. Y él es antes de todas las cosas, y todas las cosas en él subsisten [o se mantienen sujetas]».

No, Dolly, la naturaleza no hace la nieve. Nunca la hizo y nunca la hará. Esto es mitología moderna en el sentido más verdadero de la palabra. La Biblia presenta una concepción en la que Dios Creador se muestra tan activo en el mantenimiento de la naturaleza como en su creación. Los elementos no funcionan independientemente de Dios. Aunque la creación normalmente funciona bajo las leyes prescritas de la física que Dios sustenta, ello no impide que Él decida a veces pasar por alto sus propias leyes y hacer las cosas de otra manera. Cuando lo hace, lo llamamos «milagro», como cuando el agua se transformó en vino, o Lázaro resucitó de los muertos.

Pero no debemos asumir falsamente que Dios esté presente en los milagros y se mantenga al margen en los tiempos ordinarios. Él está igualmente activo y presente en ambas circunstancias, tanto resucitando a alguien de los muertos como proveyendo pan mañana a las cuatro de la madrugada. El hecho de que Dios creara la materia en el principio es tan asombroso como el sujetar la silla en que usted está sentado. Él está animando ahora mismo su respiración. Si no fuera por su decisión constante de sujetar los átomos de su cuerpo, usted se derrumbaría como un montón de polvo en el suelo y desvanecería. Es más, desaparecerían antes de llegar al suelo. Pero Él le sustenta porque quiere conocerle y compartir una relación con usted. Sorprendente, pero cierto.

Cabe preguntarse, «¿quién de nosotros es como Él?». La respuesta es obvia: «nadie».

CREADOS A SU IMAGEN

Eche un vistazo a la siguiente serie de letras y descifre su significado:

NOESTÁAQUÍDIOS

¿Qué ha leído? Si ha leído que «Dios no está aquí», estará entre una mayoría. Si ha visto «¿no está aquí Dios?», estará entre una minoría. (Si ha visto ambas cosas, considérese inteligente).

Dos personas que miren la misma serie de letras pueden ver dos mensajes completamente contrarios. Por ejemplo, empecemos con el embrión humano.

Dos médicos altamente cualificados examinan el mismo feto. Ambos lo miden, escuchan el latir de su corazón, y lo ven moverse en la máquina de ecografías. Un doctor ve el no nacido como un pedazo de tejido impersonal. Si la madre se lo solicitara, le pondría fin, lo mismo que extirparía un cáncer no deseado. El otro médico ve algo radicalmente distinto. Y por causa de lo que ve, no le haría ningún daño a ningún precio.

¿A qué se debe esta repuesta totalmente opuesta? Porque las conclusiones a las que llega la gente sobre la naturaleza y el valor de los seres humanos dependen enteramente de los supuestos que adoptan respecto al origen del hombre. Piénselo por un momento. Si ese pequeño embrión es realmente el producto final de una larga serie de sucesos al azar entre elementos impersonales de materia, ¿qué iba a hacer que fuera hoy nada más que un surtido impersonal de elementos químicos? Si el hombre no tuviera un origen personal, realmente no podría alcanzar la personalidad en un punto medio de su existencia. Lo que comenzó como compuesto de aminoácidos impersonales y evolucionó hasta ser pez sigue siendo un conglomerado de elementos químicos impersonales. Lo mismo ocurre con el pez que evolucionó hasta ser hombre.

Por tanto, el feto humano sigue siendo materia impersonal. Sólo ha cambiado de forma a lo largo de millones de años. Y no sólo es el embrión un trozo de tejido, sino también la madre que lo lleva en su seno, y también el médico. Lógicamente, pues, no tenemos más valor intrínseco que un perro o una ballena. Esto fue, sin duda, lo que condujo a Oliver Wendell Holmes, ex magistrado del Tribunal Supremo de Estados Unidos a declarar: «No veo razón alguna para atribuir a la especie humana más importancia que a un babuino o un grano de arena».[5]

Si el punto de arranque de la historia humana fue la unión al azar de aminoácidos en las aguas marinas, entonces, obviamente careceremos de valor o sentido último más allá de lo que podamos o no decidir por nosotros mismos, por poco que vivamos. Esta es la única medida de valor humano que podemos tener, si asumimos que nuestro «padre» son las materias primas.

Según Tales el jónico, nuestro «padre» fue el agua. Y la idea de los jónicos actuales no se aleja mucho de ésta. De vez en cuando uno lee sus pronunciamientos en el periódico, como en la primera página de *The Seattle Times*, del 27 de enero de 1994. En ella se nos informa que la vida se originó a partir de bacterias microscópicas que crecieron en manantiales submarinos, como los que se descubrieron a unas 200 millas de la costa del estado de Washington: «"Todo lo que hay sobre la Tierra evolucionó a partir de estos micro-organismos a altas temperaturas", dice el microbiólogo John Baross [Universidad de Washington]... "La belleza de un manantial hidrotermal es que funciona como un reactor químico", añade. "Así se consigue toda combinación de acidez, salinidad, temperatura y elementos químicos necesarios" para crear vida. Finalmente una combinación puede encender la chispa del ensamblaje aleatorio de aminoácidos que pueden conducir a vida auto-sustentada, propone [Baross]».

Como puede constatar, el mito pagano de la Madre Tierra sigue aún vivo y goza de buena salud. Acabamos de descubrir su vientre. Tales propuestas, que el hombre es resultado del montaje aleatorio de aminoácidos, sólo sirven para deshumanizarnos a todos, al menos en el sentido hebraico de la palabra «humano». Así pues, ¿qué «humaniza» al hombre según la concepción hebraica? ¿Qué concede al hombre un valor significativo? ¿Cuál es la base del valor humano y qué identidad nos distingue del resto de la materia?

Las respuestas a estas preguntas se hallan en los notables capítulos iniciales de Génesis. Ahí el hombre empieza a existir no por azar, sino por elección. Somos resultado de un acto deliberado y premeditado del Dios trino, que dijo: «Hagamos al hombre...», ¡y creó Dios al hombre! Somos seres intencionalmente creados. Pero el hecho de que fuéramos creados no separa al hombre del resto de la creación. Las bestias y los escarabajos también fueron creados, como los árboles y las mareas.

Así pues, ¿qué es lo que nos distingue? En primer lugar, el relato del Génesis anuncia que aunque el hombre fue creado el mismo día que las bestias, no fue creado al mismo tiempo. Después que Dios creó las bestias de la tierra y todo lo que se mueve sobre ella, dijo: «Hagamos al hombre ... ».

En segundo lugar, por lo que concierne al hombre, se nos dice que Dios «sopló en su nariz aliento de vida». Nosotros somos la única parte de la creación que ha recibido esta distinción notable. Pero los factores arriba mencionados aún no proporcionan el factor más importante de la creación, a saber, que el hombre es la única parte de la creación hecha a imagen de Dios. El haber sido creado a imagen de Dios es el factor determinante de nuestra identidad singular. Esto separa al hombre del mono, la hormiga o la planta. Pero ¿qué significa que ha sido creado a imagen de Dios?

Para responder a esta pregunta antes debemos considerar al mismo Dios, cuya similitud e imagen reflejamos. No es posible para nosotros comprender plenamente la naturaleza de Dios. Nuestra inteligencia limitada no puede conseguirlo. Pero es ciertamente posible comprender a Dios hasta cierto punto. Podemos comprender el hecho de que Él es intensamente personal, como ya hemos comentado; que piensa de manera racional y ordenada. Usa lenguaje para comunicar sentido y propósito. Hace planes y los lleva a cabo por elección de su voluntad. Además, siente un amplio espectro de emociones que oscilan entre el gozo y la tristeza, la ira y la paz, el amor y el odio, y el placer y la decepción, pero nunca está confundido ni pierde el control. Él es creativo. Es un ser espiritual.

Al crear al hombre, Dios quiso que se pareciera a Él como ninguna otra criatura. Escogió crearlo de esta manera porque tenía en mente un propósito singular y especial. Este propósito se puede resumir en una sola palabra: relación. Una verdadera relación significativa exigía poder comunicarnos con Dios a nivel personal, con sentido y contenido reales. Esto requería que Dios nos creara a su semejanza, con características personales diseñadas para interactuar con Él.

Algunos filósofos modernos han guiado a la gente a creer que Dios es tan distinto del hombre que no puede ser realmente conocido y que los seres humanos no pueden comunicarse con Él. Algunos han concluido que el lenguaje humano no es adecuado para propiciar una relación entre un Dios infinito y un hombre finito. Esto equivale a decir que si Dios realmente se comunicara con la gente por medio de un lenguaje que pudiéramos comprender, Dios sería algo menos que Dios.

Pero la Biblia da a conocer a un Dios que, además de Creador de las galaxias, está presente en todo lugar al mismo tiempo y lo conoce todo, y además es plenamente personal, capaz de comunicarse con la gente a través de palabras normales que se pueden expresar y entender. La idoneidad del lenguaje humano como medio para comunicar los mensajes de Dios al hombre, y la capacidad de éste para oír y entender sus palabras forman parte de la creación del hombre como portador de su imagen. Si el hombre no fuera capaz de entender a Dios a través del lenguaje ordinario, y si su revelación al hombre no pudiera ser expresada en términos de pensamiento común, el propio hombre sería inferior a la dignidad con que Dios le creó.

Teniendo en cuenta esta clase de relación, Dios creó a los seres humanos con la capacidad de pensar racional y ordenadamente, crear ideas y tomar decisiones voluntarias, no para que funcionaran conforme a instintos programados, como el pájaro o el pez. Dotó a los hombres con la capacidad de expresar pensamientos en forma verbal y escrita, para compartir ideas con otros, incluido el mismo Dios, quien disfrutaba oyendo hablar a Adán. Se deleitaba llevándole los animales para que los nombrara uno por uno. Deseaba pasear con Adán y Eva por el huerto en el frescor de la tarde, compartiendo su vida con ellos en el más puro sentido de la palabra «compartir». Les amaba y ellos le amaban a Él. Esto sólo fue posible porque Dios les creó con la capacidad de amar, una capacidad que sólo ellos pudieron tener porque habían sido creados a su imagen y semejanza. Somos seres personales, porque Dios es personal. Creativos, porque Dios es creativo. Espirituales, porque Dios es espiritual.

Por supuesto, Dios es Dios y los hombres somos hombres. No es la misma esencia. Aunque ciertos atributos de Dios se reflejan en los seres humanos, hay otros atributos que sólo Dios posee. No importa cuán bien pensemos y entendamos, ocurre simplemente que no entendemos todo, ni conocemos todo lo que hay por conocer. La capacidad de nuestro entendimiento es limitada por diseño. Del mismo modo, hemos recibido la capacidad de moldear y dar forma a los materiales terrestres para hacer diseños de una variedad ilimitada, sólo que no podemos crear algo de la nada. Nuestro poder creativo es limitado. Sin embargo, aunque sólo Dios puede crear un árbol, sólo los hombres pueden podarlo. La importancia de esto no debe ser subestimada ni tomada por sentado. Somos completamente únicos entre todas las criaturas del planeta.

La cuestión gira entonces en torno a ¿quién entre las criaturas es como nosotros? La respuesta es clara: ni una de ellas se nos acerca. ¿Por qué? Porque somos la única parte de la creación hecha a imagen de Dios, portadora de su semejanza. Hebreos, griegos, asiáticos o africanos, todos somos creados a imagen y semejanza de Dios, en virtud de la voluntad del Creador, según el propósito de su designio.

Nuestro valor como seres humanos, pues, no debe estar basado en lo que otros sienten acerca de nosotros, ni siquiera en lo que sentimos nosotros mismos. Debe estar basado en primer y último lugar en el mismo valor de Dios, cuya imagen y semejanza reflejamos. Si Dios es valioso, y ciertamente lo es, entonces usted y yo también los somos. Si Dios tiene valor, nuestros vecinos también lo tienen, crean o no crean en Dios; sean cristianos, ateos, hindúes o musulmanes. Dios no nos ama porque podemos ser cristianos. Nos amó antes de serlo. «Siendo aún pecadores, Cristo murió por nosotros», enseña la Biblia. No amamos a nuestros vecinos porque sean cristianos, ni siquiera porque puedan ser cristianos a resultas de nuestro amor. Les amamos porque Dios les creó a su imagen, y por cuanto Él es precioso para nosotros, los que portan su imagen también son valiosos.

Aparte de todo lo demás, el hecho de que la persona sea imagen de Dios le concede un valor inconmensurable. No importa cuál sea su raza o nacionalidad, no importa qué habilidades pueda poseer o no, cada uno de nosotros está marcado indeleblemente con el sello del Creador. Su imagen está impresa igualmente en el débil, el cojo, el sordo, el mudo, el ciego, el pobre y el desvalido, como en el genio. Es el derecho natural de todo nacido de hombre y mujer, engendrado «según su especie», desde Adán y Eva.

¿Qué sucede en una cultura que falla en reconocer esta base única del valor humano? ¿Qué síntomas debemos buscar? Volvamos, una vez más, a distinguir advertencias en los antiguos griegos.

EL VALOR DE LA VIDA HUMANA EN ESPARTA Y ATENAS

El lloro de un recién nacido rasgó el aire matutino anunciando que una nueva vida humana comenzaba a respirar. Los ojos marrón oscuro del niño y su pelo negro ondulado reflejaban una semejanza inequívoca a sus padres. Su padre y su madre eran robustos, y el bebé parecía estar muy sano. Sin embargo, era notoriamente más pequeño de lo normal. Los padres se miraron con preocupación. «Tendrá que decidir el Consejo», dijo la madre.

El Consejo de la ciudad estaba obligado a determinar el valor de los niños nacidos en esa sociedad. Los niños lactantes eran presentados delante del Consejo para inspección oficial y aprobación formal. Era por el bien de toda la ciudad. Había que mantener las normas más estrictas de fortaleza. Incluso antes de llevar al niño ante el Consejo los padres ya tenían una idea del resultado probable de su decisión. Y tenían razón. Este niño no era apto para la vida.

Tomando el bebé de sus padres (quienes lo entregaban voluntariamente), los oficiales lo llevaban a un alto risco y lo arrojaban al vacío. Su indefenso llanto quedaba bruscamente interrumpido cuando su cuerpecito golpeaba las escarpadas rocas que había en el fondo del barranco. Sólo se oía un leve eco y al instante todo estaba otra vez en calma.

Esta escena espeluznante realmente sucedía. No una, sino muchas veces. Esto era Esparta. Hace unos 2.500 años. El barranco se hallaba en el monte Taigeto, al sur de Grecia.

¿Qué ocurre en una cultura en que la línea divisoria entre el hombre y el animal es borrosa? Se mezclan ambos. Las gentes pierden el sentido de humanidad y actúan más como animales que como hombres. Tal es el caso de la antigua Esparta.

A los siete años, el niño espartano era arrancado de sus padres y quedaba a cargo del estado. Pasaba a formar parte de un plan de instrucción militar en el que era sometido a las formas más severas de disciplina. Se esperaba de todos que soportaran el dolor y las dificultades en silencio. Cualquier síntoma de cobardía acarreaba días de desgracia. A los doce años, se les exigía dormir al aire libre en un camastro de juncos cortados en la ribera del río. No se les permitía llevar ropa interior, y sólo vestían una prenda todo el año. Ignoraban las comodidades del hogar y vivían en barracas hasta la edad de treinta. Estos jóvenes eran a menudo objetos sexuales de hombres más mayores.

A los treinta años se reconocían al hombre los derechos del ciudadano y se le permitía hasta los sesenta años comer con sus mayores la principal comida del día en el comedor público, en el que se servían raciones de comida deliberadamente exiguas a fin de curtirse para soportar la guerra.

En cuanto a las niñas, se las entrenaba para fortalecerse en la lucha y las carreras. Era un crimen no casarse, y se animaba a los maridos a prestar a sus esposas a otros hombres especialmente fuertes, para que tuvieran hijos excepcionalmente robustos. Era una forma de reproducción humana selectiva. Ya hemos visto lo que sucedía con los niños que no cumplían los requisitos comunitarios de fortaleza, y todo niño estaba sujeto al derecho del padre al infanticidio. Uno de sus reyes, Arquídamo, fue multado por casarse con una esposa pequeña. En cuanto al carácter de la mujer espartana, el historiador griego Plutarco las describe como «audaces y masculinas, despóticas con sus maridos».

¿Qué motivó a los espartanos a vivir de esta manera? ¿Qué supuestos constituyeron los fundamentos de su ciudad-estado? Si inspeccionamos los sótanos de su cultura, descubriremos algunas claves elocuentes en el registro que dejó Plutarco. Describió Esparta como un lugar donde «no se permitía a nadie vivir según sus propios gustos; sino que la ciudad era una especie de campamento, en el que todo hombre... no procuraba tanto atender a sus propios fines como los intereses de su país».[6] Nos dice que su estilo de vida fue promovido por un legislador espartano llamado Licurgo, quien «educó a sus ciudadanos de tal manera que ya no querrían ni podrían vivir para sí mismos, sino más bien identificarse con el bien común y agruparse como abejas alrededor de su reina; y movidos por su celo y su espíritu público, olvidarse de sí mismos y entregarse enteramente a su país».[7]

Por lo que respecta a Licurgo y su ciudad-estado, no había mayor bien que el del grupo en su totalidad. En Esparta se dio el estatismo más descarado que el mundo jamás ha conocido. Estatismo significa que los intereses del estado proporcionan el único fundamento de la dignidad humana y los valores morales. Para el estatismo, lo bueno, lo moral, lo honorable y lo justo se definen en términos de las metas y aspiraciones del propio estado. Bajo tales condiciones, el estado establece las normas de valor, no sólo para las vidas, sino para toda actividad humana. Tales valores son prescritos por el estado y son relativos a los fines o intereses de su propia existencia.

En Esparta, la voluntad del estado era suprema y sus habitantes eran prácticamente propiedad de la ciudad-estado desde la cuna hasta la tumba. El ejército espartano proveía el elemento cohesivo de la cultura. Ser «bueno» significaba ser fuerte y valiente. El valor de un hombre se medía por lo que contribuía a la fortaleza de la comunidad como totalidad. Y en el proceso, la persona era minimizada.

En otra ciudad famosa, como a unos ciento sesenta kilómetros de distancia, encontramos justo lo contrario. Porque en Atenas se exaltaban y defendían los derechos del individuo. El político y orador ateniense Pericles resumió bien la cuestión diciendo: «Cada uno de nuestros ciudadanos, en los múltiples aspectos de la vida, es capaz de demostrarse a sí mismo que es señor y dueño legítimo de su propia persona, y además, hacerlo con excepcional gracia y versatilidad».

A través del individualismo cultural los ciudadanos de Atenas clarificaban sus valores y establecían el sentido de sus vidas. Expresaban sus ideales a través del arte, el atletismo y la educación, cuyas modalidades les servían para manifestarse. La clave de todo era el placer personal y la búsqueda de «la buena vida». J. F. Dobson, del Trinity College, Cambridge, escribió que «el verdadero contraste de principios entre los sistemas espartano y ateniense es que, mientras el primero tenía siempre puesta la mira en las cuestiones prácticas y consideraba cualquier tipo de cultura indeseable, el segundo siempre ponía por delante las condiciones para una buena vida».[8]

En Atenas, el infanticidio era comúnmente practicado, ya que estaba permitido por la ley y por la opinión pública. Pero las razones que lo justificaban eran muy distintas a las que imperaban en Esparta. Mientras que en Esparta se trataba de eliminar al débil y pequeño, en Atenas se procuraba eliminar a cualquier niño, débil o fuerte, que amenazara la buena vida. Se fomentaba el infanticidio como salvaguardia contra la superpoblación y el agotamiento de los recursos naturales. Se solía llevar a cabo exponiendo al recién nacido a los elementos naturales en grandes vasijas de barro, normalmente colocadas en los templos de sus dioses. La reducción extrema de la familia paso a ser uno de los rasgos notables de la antigua Grecia, teniendo algunas ciudades sólo una familia, de cada doce, con dos hijos, y apenas tenían hijas. Finalmente la tasa de mortalidad superó a la de natalidad.

Un niño nacido en un hogar ateniense era normalmente aceptado en la familia en los primeros diez días de su nacimiento. Después que el niño era aceptado, recibía toda suerte de regalos: sonajeros, muñecas, soldados de arcilla, columpios, peonzas, cometas y canicas. Mientras sus adversarios se fortalecían para la guerra, los niños atenienses jugaban al escondite, la gallinita ciega y al tiro de cuerda.

Desde los seis hasta los dieciséis años, los niños atenienses asistían a la escuela y aprendían literatura, música, y gimnasia. La belleza física, la salud y la pasión eran virtudes importantes.

Muchas escuelas de filosofía florecieron en Atenas, pues muchos maestros exponían sus opiniones acerca de la verdad o la virtud, y cuál debía ser la medida adecuada de la bondad o el sentido.

La gratuidad y la libertad filosófica estaban garantizadas, y ni la política, ni el atletismo, la educación o las artes pudieron unificar Atenas para constituir una comunidad de valores colectivamente aceptados. Acabó desintegrándose. En el 404 a.C., la gran Edad de Oro de la Grecia Clásica tocó fondo cuando Esparta derrotó a Atenas en la guerra del Peloponeso. La suave piel de los eruditos atenienses no pudo resistir a los curtidos guerreros espartanos.

Dos ciudades distintas usaron dos normas muy diferentes para determinar la dignidad y los valores humanos. Una exaltó el individualismo y la otra el colectivismo. Y estos conceptos —la exaltación ateniense del individualismo y la exaltación espartana del colectivismo— nunca han fenecido. Ambos se siguen repitiendo en el escenario de la historia de la humanidad y representando bajo distintos ropajes, lugares, tiempos y grados.

Pero a pesar de sus puntos de vista aparentemente opuestos, ambos, en esencia, vislumbraron la vida a través de la misma ventana. Ambos compartieron, en el fondo, el mismo supuesto básico, porque a este respecto, Atenas y Esparta tuvieron la misma forma de pensar. No podría haber sido resumido mejor que por uno de los suyos, Protágoras, quien declaró: *«El hombre es la medida de todas las cosas»*.

Ya se midiera en términos de hombre individual u hombre colectivo, éste era su terreno común. Y esto, en nueve palabras, explica por qué Atenas y Jerusalén no podían coexistir.

RESUMEN DEL CAPÍTULO DOS: PERSONAS, LUGARES Y CONCEPTOS CLAVE

Jonia
Tales (c. 640 a.C.)
Anaximandro (610-547 a.C.)
Aristóteles (384-322 a.C.)
Monte Olimpo
La ciencia jónica de la Naturaleza
Naturaleza (con N mayúscula)
La secularización del pensamiento
La fuerza indefinida-infinita
Evolución
Generación espontánea

Naturalismo
Fuerza infinita-impersonal (de la Naturaleza)
dioses personales-limitados (de Homero)
Dios personal-infinito (de la Biblia)
dioses del Olimpo
Leyes *de* la naturaleza frente a leyes *sobre* la naturaleza
Esparta
Atenas
La creación a imagen y semejanza de Dios
Trascendente
Inmanente
Estatismo
Infanticidio
La voluntad colectiva
La Madre Tierra frente a Dios Padre
«El hombre, medida de todas las cosas».

Para la profundización y el debate

1. Por lo que respecta a la cuestión del origen, ¿por qué es imposible para una persona sostener ninguna postura aparte de su fe? Explique por qué un ateo es una persona de fe tanto como un seguidor de Cristo.
2. Si las personas aceptan el supuesto de que los seres humanos son resultado de la actividad aleatoria de elementos químicos en el tiempo, y que sólo somos una parte del poder o fuerza impersonal auto-creadora, auto-sustentadora, llamada «naturaleza», ¿qué efectos prácticos puede acarrear esta forma de pensar en los campos de la medicina, el gobierno civil y la ley?
3. Identifique los resultados prácticos que han sobrevenido como consecuencia de la forma de pensar descrita en la pregunta anterior, y justifique su pensamiento con ejemplos históricos o costumbres actuales.
4. Por ejemplo, (en medicina): «Aceptar este supuesto podría permitir a la gente justificar la cosecha de órganos humanos por

lucro antes de producirse la muerte natural. ¿Por qué no? Sería útil para el receptor, y además, la vida de algunas personas no tienen mucho valor para la sociedad, ya se sabe». (Tal extracción de órganos se ha venido practicando en los últimos años).

5. Compare y contraste el Dios de la Biblia con el dios de la «Naturaleza».
6. Considere distintas maneras en que la creación a imagen de Dios distingue al hombre de los animales y le convierte en una creación singular.
7. Comente cómo estos atributos influyen a la responsabilidad del hombre por sus actos.
8. Si una persona acepta el supuesto de que todas las personas «portan la imagen de Dios», ¿cómo puede esto influir en la manera en que él o ella se relaciona con otros?
9. Después que Dios lo creó todo, declaró que era muy «bueno». ¿Qué cualidades reúne la creación (incluida la humanidad) para ser calificada «buena», aun en un mundo caído?
10. Es significativo que la humanidad no tuviera voto en el asunto de la creación y que no fuera consultada antes de su constitución. ¿Qué importante mensaje comunica esto?
11. Compare y contraste la escala de valores de Atenas con la de Esparta. Compare ambas con la escala de valores que impera hoy.
12. Explique el sentido y el significado de esta declaración: «*Uno no debe concebir la creación como hecho puntual en el pasado, sino como hecho continuado en el presente*».
13. Comente cómo «habla» y qué dice la creación.
14. ¿Cuál es el factor unificador entre los llamados ámbito «natural» y ámbito «sobrenatural»? ¿En qué se diferencian estos ámbitos? ¿En qué se asemejan? Compare y contraste la definición secularista de lo «sobrenatural» con la definición bíblica.

CAPÍTULO TRES

ORDEN MORAL Y RAZÓN

He aquí una sencilla adivinanza: ¿Qué tienen en común un carpintero, una cocinera y un piloto de avión? Considere: un carpintero extrae un nivel de su caja de herramientas y lo coloca junto al borde de una tabla para cerciorarse de que está derecha. Una cocinera toma una cuchara y la llena de miel para añadirla a su pastel de manzana. Un piloto de avión consulta el panel de instrumentos mientras aterriza en medio de una niebla espesa.

Respuesta: Los tres dependen de instrumentos objetivos de medición para hacer su trabajo.

Los sentidos humanos, por maravillosos que sean, tienen limitaciones. No importa lo bien que pensemos y entendamos, no entendemos todo. No conocemos todo lo que hay que conocer, no somos continuamente precisos en nuestras percepciones. Nuestros sentidos no son fiables en todas las circunstancias. El caso del piloto de avión es un buen ejemplo de ello.

Imagine que usted pilotea un avión mono-motor y va a sobrevolar una alta cordillera. Al emprender el vuelo hace buen tiempo y la visibilidad es excelente. Pero a medida que se acerca a las montañas se levantan nubes gruesas. Después de penetrar en la blancura de las nubes y recorrer alguna distancia con visibilidad cero, nota que algunas cosas raras comienzan a suceder. El panel de instrumentos indica que la avioneta se inclina cada vez más hacia la izquierda, lo que provoca pérdida de altitud y desvío de su ruta necesaria. Pero su sentido natural de equilibrio, así como el sonido del motor que usted conoce tan bien, le dicen otra cosa. Sus sentidos naturales le informan que no se está inclinado en absoluto y que debería seguir su pauta de vuelo tal cual. Usted presume que sus instrumentos deben estar funcionando mal a esa altitud y decide confiar en sus sentidos naturales antes que seguir las indicaciones de unos instrumentos aparentemente fallidos.

Un momento después la realidad de la situación revela su dramática evidencia cuando descubre con horror que se precipita directamente contra una gran pared de piedra.

Esta ilustración es muy cierta. Más de un piloto ha perdido la vida por no aceptar lo que su panel de instrumentos le indicaba, sino que decidió volar conforme a lo que *sentía* que era verdad. Los pilotos que vuelan en la niebla deben precisamente fijarse en una fuente de información objetiva y fidedigna para evitar estrellarse. A veces tienen que hacer caso omiso de lo que su razón les induce a creer, y confiar en la seguridad y la garantía de éxito que les ofrece el panel de instrumentos. Deben ser instruidos para leer diligentemente los instrumentos e interpretar las señales adecuadamente.

Un piloto no instruido es el que no entiende lo que los instrumentos le indican; un piloto insensato es el que no consulta los instrumentos cuando lo necesita; un piloto estúpido es el que vuela en la niebla sin ellos. ¿Qué cosa es peor? Poco importa. Las consecuencias son idénticas. A veces, la tendencia humana a creer que uno sabe más que los instrumentos objetivos es mayor de lo que está dispuesto a aceptar. Aun los pilotos más experimentados pueden tomar una decisión insensata. Recuerde que el bombardero de la Segunda Guerra Mundial *Lady Be Good* tuvo que caer sobre el Sahara. Su tripulación no era tonta ni tampoco carecía de instrucción. Pero incluso los más instruidos pueden cometer decisiones necias, fatales. Y cuando se trata de decisiones fatales, con una basta. La pura verdad es que ni siquiera los mejores instrumentos pueden compensar la negligencia humana.

Trasladando esta analogía a la medición de la moral y los valores humanos, es fácil apreciar cuán distintas eran las normas para distinguir lo bueno de lo malo. Para el hebreo, era absolutamente necesario contar con una fuente de información objetiva, suprahumana, para definir los valores humanos. Esta fuente objetiva era la Palabra del Dios personal e infinito de Abraham, Isaac y Jacob. Entender y aplicar a sus vidas esta fuente supra-humana de información era esencial para su bienestar. Así lo vieron Moisés, Salomón y el apóstol Pablo. Estos hombres, y otros como ellos, creyeron que mirar dentro de sí mismos, o de la propia sociedad, para buscar normas con que medir los valores era mirar en la dirección equivocada.

Pablo advirtió que aquellos que se miden a sí mismos por sí mismos no son sabios. El hombre tenía que mirar hacia un panel de instrumentos objetivo para tener éxito en el vuelo de su vida. El no entender ese panel (la Palabra de Dios) equivalía a no estar preparado, y el desecharlo era insensatez. Y asegurar que «el hombre es medida de todas las cosas» era estupidez, lo cual explica que no se permitiera el estudio de la filosofía griega en las escuelas hebreas.

Según el modelo hebreo, el hombre no está cualificado en y por sí mismo para ser su propia norma de medida moral o ética. El corazón del hombre es «engañoso... más que todas las cosas» (Jeremías 17:9), y ciertamente, no puede servir como fuente de dirección fiable. En realidad, el corazón humano suele guiarnos justo a lo contrario de lo bueno. Como el piloto desorientado en las nubes, hay camino que parece derecho al hombre, pero el resultado es de muerte. La tendencia constante de la persona a querer hacer las cosas a su manera debe de ser contrarrestada por la elección consciente de consultar la objetividad del panel de instrumentos y ajustar la ruta de vuelo según corresponda.

Para el hebreo, pues, ni el individuo ni el grupo podían diseñar adecuadamente los valores humanos, moldear la verdad o medir la moral. Esta tarea correspondía a alguien que fuera objetivo para los humanos, que estuviera por encima del individuo y el grupo, a quien ambos están igualmente sujetos: el Creador/Diseñador. El código supremo de la Palabra de Dios le proporcionaba la norma objetiva por la que todas las cosas habían de ser medidas. La ley inmutable de Dios, sobre la que el paso del tiempo no surte efecto. Ya que la ley de Yahvé no estaba sujeta a voto, opinión pública ni aprobación humana. Era sencillamente innegociable.

Immanuel Jakobovits, rabino jefe en la Commonwealth británica de naciones, llegó a escribir que el judaísmo «insiste enfáticamente en que las normas de conducta moral no pueden ser reguladas por las ideas aceptadas por la opinión pública [el grupo colectivo] ni por la conciencia individual [la persona aislada]. Bajo el punto de vista judío, la conciencia humana debe reforzar las leyes, no elaborarlas. Justo e injusto, bueno y malo, son valores absolutos que trascienden las variaciones caprichosas de tiempo, lugar y ambiente, y desafían la definición relacionada con la intuición o la conveniencia humana. Estos valores, enseña el judaísmo, obtienen su validez de la revelación divina en el monte Sinaí, como exponen y desarrollan sabios fieles y autorizados por sus escritos. Los hebreos creyeron que sin Dios no hay fundamento para una ética objetiva.

Note las palabras clave: «Justo e injusto, bueno y malo, valores absolutos, reciben su validez de la revelación divina». Las mismas palabras «valores absolutos» eran necedad para los griegos. En Atenas los valores no podían ser «absolutos», sino sólo relativos. Relativos a los puntos de vista y opiniones de las personas que los sostenían. Para el ciudadano ateniense la verdad era subjetiva. Es decir, estaba sujeta a las opiniones de los hombres que la definían según sus propios términos, la medían según la norma que ellos mismos habían establecido. Apoyándose en la razón humana como punto de partida, los filósofos de Atenas fundaron muchas escuelas de pensamiento que daban cuenta de lo que era y no era verdadero. Por eso, como comenta el doctor Lucas en el capítulo 17 de Hechos: los filósofos atenienses «en ninguna otra cosa se interesaban sino en decir o en oír algo nuevo».

Los sofistas argüían que la verdad era cuestión de opinión individual. Sócrates y después su discípulo Platón, buscaron la bondad y la verdad mediante el reconocimiento de ideales que seguían vivos aunque la gente que los hubiese defendido ya hubiera muerto.

Aristóteles buscó la verdad en la observación y la medida. Otros, como los estoicos, los epicúreos y los escépticos, intentaron definir la ética y la moral en relación con la felicidad.

En esto, pues, radica la diferencia básica entre la concepción hebrea de la verdad y la concepción griega; los griegos basaron su cultura en el supuesto de que la razón humana era un punto de partida idóneo para determinar la verdad, cuantificar los valores y plasmar la moral, mientras que los hebreos basaron su cultura en el supuesto de que la revelación divina era el único punto de partida suficiente.

Sin embargo, ambas posturas son igualmente posturas de fe. Una postura (la revelación) asienta su fe sobre una base objetiva, y la otra (la razón) sobre una base subjetiva. Por volver a usar la analogía del vuelo, el piloto que manifiesta su fe en el panel de instrumentos se apoya en la fiabilidad de los mismos y actúa en consecuencia. El piloto que expresa su fe en su propio sentido del equilibrio se apoya exclusivamente en la fiabilidad de su mente y sus sentidos. Ahora bien, ninguno de los dos pilotos da un paso de fe «ciega» que pudiera calificarse de irracional o infundada, ya que la fe de ambos descansa en lo que perciben como una base adecuada. El problema es que cuando uno vuela en la niebla, los sentidos sin ayuda objetiva son inadecuados. Un paso de fe «ciega» sería el de un piloto inmerso en la niebla que no pone su fe en el panel de instrumentos ni en sus sentidos naturales, sino escoge cerrar los ojos, levantar las manos de los controles y se limita a creer que al final todo saldrá bien. Esto no es en absoluto fe, sino pura locura.

La cuestión es que poner la fe en la revelación no es actuar irracional o irrazonablemente. El cristianismo es ciertamente muy razonable. Si la Biblia es realmente la revelación de Dios al hombre, la persona que busque en ella la norma de la medida de la moral y la verdad en esta vida no estará desechando su inteligencia ni poniendo a un lado la razón. Estará sólo decidiendo apoyar su fe sobre algo exterior a sí misma, en el mismo sentido que la persona que rechaza la Biblia escoge apoyar su fe sobre su propio sentido de lo que es bueno y verdadero.

Salomón aconsejó a los hombres fiarse en el Señor de todo su corazón, y no apoyarse en su propia prudencia (Proverbios 3:5). Aprendió por propia experiencia y fracaso esta verdad, lo que demuestra que incluso los hombres más sabios son capaces de cometer necias decisiones de navegación. Moisés hizo severas advertencias acerca de lo que sucedería a sus vidas y su cultura si descuidaban vivir según las reglas básicas que su Hacedor les había proporcionado. Pero al mismo tiempo, les dio a conocer las abundantes bendiciones que experimentarían si vivían en armonía con la Palabra de Dios. La fe hebrea no abandonó la razón. Sólo concedió a ésta un lugar muy distinto al que le asignaron los griegos.

¿RAZÓN O REVELACIÓN?

En junio de 1928, el trasatlántico Toscana atracó en la ciudad de Nueva York, después de haber cruzado el océano Atlántico. A bordo viajaba un joven llamado Morris Frank. Regresaba de Suiza, donde había adquirido la perra Buddy — hermoso pastor alemán—. ¿Por qué fue tan lejos para conseguir un perro? Porque quería un perro-guía, ya que él era ciego. Lo curioso del caso es que Buddy era el primer perro-guía que llegaba a Estados Unidos. Morris proyectaba abrir una escuela de entrenamiento para perros-guía que se llamaría el *Ojo que ve*.

El día que Morris llegó a Nueva York, con Buddy, los reporteros le estaban esperando para cazar la noticia y él no quiso decepcionarles. Uno de los reporteros le preguntó si el perro podía guiarle a cualquier lugar. «Por supuesto», respondió Morris. Y el otro le retó: «¿Podría cruzar la calle West Street?»

En 1928 West Street era más conocida por los neoyorkinos como la calle de la *muerte*. Era una vía muy ancha a lo largo del río Hudson que abarcaba un área adoquinada de la anchura de un campo de fútbol. No tenía semáforos. Grandes vehículos, taxis y carretas arrastradas por caballos provocaban una algarabía de toques de claxon y rugido de tráfico. Era una de las calles más peligrosas del país.

Morris estaba deseoso de dar a conocer a todo el mundo lo que un perro-guía era capaz de hacer, de modo que aceptó el reto. No obstante, si resultaba atropellado todo el mundo lo sabría y la escuela de perros-guía acabaría antes de empezar. Morris Frank cuenta en sus propias palabras lo que sucedió:

> La calle era tan ruidosa que parecía que habíamos cruzado una barrera de sonido. Ella dio cuatro pasos y se detuvo. Un rugido ensordecedor y una ráfaga de aire caliente me alertaron de un enorme camión que había pasado zumbando tan cerca de Buddy que podría haberlo tocado tan sólo levantando un poco la nariz. Volvió a avanzar hacia el ruido atronador, se detuvo, retrocedió, y volvió a empezar. Perdí todo sentido de dirección y me sometí totalmente al perro. Nunca olvidaré los tres minutos siguientes. Camiones de diez toneladas circulaban, taxis tocaban el claxon a nuestros oídos, los conductores nos gritaban. Un tipo chilló: «Pedazo de idiota, ¿quieres que te atropellen?» Cuando por fin llegamos al otro lado y me di cuenta del trabajo tan espléndido que había hecho, me incliné, le di a Buddy un gran abrazo y le dije que era una buena chica. «Claro que es una buena chica», exclamó una voz a mi lado. Era uno de los fotógrafos. «He tenido que cruzar en taxi, y algunos de los tipos que intentaron cruzar con usted todavía están esperando al otro lado».[10]

¿Supone usted que la mente de Morris Frank estuvo ociosa, pasiva, mientras Buddy le guiaba a través de aquella situación tan peligrosa? Seguro que no. Para poder cruzar aquel laberinto de tráfico y humanidad hostil, su mente tuvo que colaborar activamente con la tarea que se traía entre manos. Hizo falta una gran concentración de su parte para ignorar el remolino de autos y camiones en tránsito, los gritos airados de conductores irritados y el estruendo de las bocinas. Su intelecto no se paralizó. Volcó su indivisa atención en las señales que le llegaban a través de la empuñadura del arnés que sujetaba con una mano. Hizo falta mucho coraje mezclado con total confianza en aquella fuente objetiva de información conocida como perro-guía, fuente fidedigna de datos que permitió a un ciego aventurarse por donde ni siquiera hombres con excelente visión se atreven a pasar.

El hombre que cruzó la calle de la Muerte de Nueva York con un perro podía ser ciego, pero no su fe. Ésta se apoyó en algo muy tangible y fiable que existía fuera de sí mismo, en un perro bien entrenado llamado Buddy. No, no fue en absoluto fe «ciega». Fue fe inteligente, fe *razonable.*

Por supuesto, todo esto es una analogía: confiar en la Palabra de Dios y someterse totalmente a ella, aun cuando el propio corazón o intelecto quiera ir por otro sitio, no es un acto irrazonable ni irracional. Determinar la verdad mediante la revelación de Dios, es pues, usar la inteligencia de manera razonable y racional, porque es tener algo fidedigno en que apoyarse. La revelación no es algo que esquive la capacidad humana de razonamiento, sino algo a lo que se somete la razón humana, en lo que encuentra satisfacción y placer.

Pero una vez que la razón cree que es mejor que la revelación, y se coloca por encima de la Palabra de Dios, hay que tener cuidado. Es como si Morris Frank, después de cruzar media calle West, hubiera decidido que las señales de Buddy no eran fiables, a fin de cuentas, y dependido de los propios juicios personales para avanzar y detenerse. Lo más probable es que Morris hubiera pasado a engrosar el número de víctimas de la calle de la *muerte.*

La razón humana no fue diseñada para funcionar desligada de la revelación divina. Es tarea de Dios proporcionar las señales y tarea nuestra leerlas debidamente y responder como conviene. Actuar así es actuar responsablemente. Por lo que respecta a actuar irresponsablemente, parece no haber fin a las cosas que la razón humana puede justificar, si se le da tiempo y gimnasia mental para defender su causa. Como apuntamos anteriormente, nuestra sociedad se ha adentrado demasiado lejos en el desierto en los últimos cuarenta años. No hay más que comparar el contenido de un periódico de hoy con otro de hace 60 años y uno podrá apreciarlo. Lo siguiente es sólo un ejemplo de algo que uno no habría leído en el periódico hace dos generaciones. Apareció en la edición dominical del *Seattle Times,* el 20 de marzo de 1994.

> La Dra. Giorgia Witkin, autora, conocida oradora a nivel nacional, y profesora auxiliar de psiquiatría y ciencias reproductoras en la Escuela de Medicina Monte Sinaí de la ciudad de Nueva

> York, declara que las «aventuras sexuales de los viudos y divorciados después de entrar en su nuevo estado *no* son imprudentes. [Énfasis de la Dra. Witkin] En realidad, pueden ser sanas para usted». Ella justifica sus declaraciones con las siguientes razones: «Pueden proporcionar suficiente actividad para un ejercicio suave, estimular suficiente cortisol para aliviar las molestias de la artritis o las alergias, y ayudar a prevenir migrañas. Psicológicamente, una relación sexual puede ayudar a prevenir la depresión, aumentar la autoestima, fomentar el control de peso y contrarrestar el estrés».

Aquí tenemos a la razón humana independiente de la Revelación en pleno esplendor. La Revelación no tiene cabida en el consejo de la Dra. Witkin, a pesar del hecho de que su escuela se llame Monte Sinaí. No obstante, desde que Dios clarificó la cuestión hace muchos años en el primer monte Sinaí podemos afirmar que es responsable e inteligente abstenerse de intimidad física fuera del matrimonio, no importa cuál sea la edad.

Se podrían aportar muchos otros ejemplos, pero lo importante a tener en cuenta es que por lo que respecta a decidir cómo hay que hacer las cosas, cómo ser padres, cómo trabajar, con qué clase de persona uno debe casarse, etc., la pregunta básica que uno debe de hacerse es: *¿Están las mentes y los sentidos humanos suficientemente equipados y cualificados en y por sí mismos para juzgar de forma decisiva lo que es justo, conveniente, bueno y verdadero, o necesita uno ayuda de una fuente sobrenatural?*

La postura hebrea reconoce la necesidad de ayuda objetiva, sobrehumana, porque la mente del hombre, sin ayuda, tiene limitaciones y no está suficientemente equipada para determinar la imagen completa por sí misma. Los griegos, por otra parte, no tenían fuente o normas objetivas de medición moral a las que todos los hombres estuviesen igualmente obligados a someterse. No tenían Biblia ni Palabra de Dios. Esto tiene sentido si uno se da cuenta que no creían en un Dios personal e infinito. Las masas comunes creían en muchos dioses finitos, y los filósofos-científicos no creían en Dios, salvo en el dios impersonal de la Naturaleza, que, por supuesto, no hablaba una palabra.

La revelación objetiva y los absolutos morales que la acompañan no formaban obviamente parte de la mentalidad griega. La ley moral y civil, la vida familiar, el comercio, y las relaciones interpersonales estaban regulados por normas establecidas por el hombre, erigiéndose en medida para sí mismo, ya fuera individual o colectivamente. En consecuencia, había muchas ideas distintas acerca de cómo vivir, y variedad de valores, a menudo en abierta contradicción. Dado que era una sociedad caracterizada por «adora al dios que prefieras, y escoge el credo que necesites», la religión y la filosofía griegas servían para dividir el país tanto como para unificarlo. Cada hombre podía decidir por sí mismo qué dioses quería adorar. Había miles para escoger. Cada parte de la tierra y el cielo estaba personificada en una deidad. Y los que rechazaban a los dioses tenían abundancia de filosofías para escoger.

Por supuesto, los hebreos eran libres de usar su capacidad de razonamiento para tomar decisiones y determinar el curso de sus vidas, pero se entendía que estaban obligados a permanecer dentro de los límites provistos por la Palabra de Dios. No es cuestión de que la razón humana sea «mala». Al contrario, la razón, en y por sí misma, es algo muy bueno. Es un reflejo de la semejanza de Dios en el hombre. Pero el hecho sigue en pie: así como los atributos físicos del hombre tienen límites, sus atributos mentales y su capacidad de raciocinio también los tienen. Un hombre (y una cultura) sabio, reconocerá estos límites y no intentará funcionar fuera de ellos.

Para muchas personas que viven hoy, como en la antigua Atenas, tal forma de pensar es cualquier cosa menos inteligente, y les repulsa hablar de «límites provistos por la Palabra de Dios». Esto significa que la moral es algo impuesto sobre nosotros, «políticamente incorrecto», aunque sea Dios quien lo «impone». Al fin y al cabo, hablar de límites y restricciones va en contra de la idea de libertad, ¿no es así? Bien, razonemos juntamente un rato.

¿QUÉ ES LA LIBERTAD?

Después de veinte años detrás de rejas, un preso sale finalmente de la cárcel. Cuando llega a la calle, se le oye exclamar: «por fin, ¡soy libre como un pájaro!»

La libertad es un concepto resbaladizo. A veces es difícil definir qué significa exactamente. En nombre de la libertad un hombre entrega su vida en batalla, mientras que otro rehúsa combatir. En EEUU, la «tierra de la libertad», en la que cada año se celebra la fiesta nacional de la independencia, se ha venido oyendo un clamor de libertad por trescientos cincuenta años. Al principio, fue un clamor por la libertad de culto, pero en los últimos años hemos venido oyendo algo muy distinto. En los años sesenta el «amor libre» se convirtió en licencia para cometer inmoralidad, y en los años ochenta «la libre elección» se convirtió en una excusa para el aborto.

Para muchas personas, la palabra libertad evoca la idea de hacer lo que a uno le viene en gana, donde y cuando quiera. Connota no estar bajo ninguna obligación, decir lo que a uno le parezca y decidir como a uno le plazca sin que otros interfieran. Ser libre evoca la imagen de un hombre, como el que describió Pericles de Atenas, «capaz de mostrarse dueño legítimo de sí mismo y amo de su persona».

Pero ¿fue esto lo que Jesús quiso decir cuando dijo: «Conoceréis la verdad y la verdad os hará libres»? ¿Quiso decir que podríamos mostrarnos «dueños legítimos y amos de nuestra persona»? Si Él no tenía esto en mente, ¿qué quiso exactamente decir por «libre»?

Volvamos al preso que sale de la cárcel exclamando: «Por fin, ¡soy libre como un pájaro!». Piense por un momento, no en el hombre, sino en el pájaro. Digamos que el pájaro es un águila. Puede que no haya imagen más espectacular de libertad en todo el reino animal. En 1776, el Congreso Continental escogió el águila para el gran sello de los Estados Unidos por una buena razón. El águila puede planear a unos 800 metros de altitud, divisar un conejillo desde arriba (un hombre necesitaría prismáticos de gran alcance para verlo), plegar sus alas y lanzarse en picado a ¡más de 300 kilómetros por hora para alcanzar su presa! Pero a pesar de su esplendor, su habilidad para planear, su visión increíble y su capacidad para cazar, la libertad del águila conoce límites bien definidos. No hay águilas en la estratosfera y no edifican sus nidos en el fondo del mar. Tiene una biosfera específica para ser libre, libre para hacer lo que hace un águila, libre para volar, para atrapar animales, para construir un nido junto a una pared rocosa, pero no para sobrepasar los límites que Dios ha establecido. La potente águila, símbolo de libertad y fortaleza, vive dentro de unos límites. Y nosotros también.

En primer lugar, vivimos dentro de unos límites físicos. Por mucho que nos gustaría a veces ser como Peter Pan, no podemos planear a capricho nuestro. Un hombre que salte desde el borde superior de un edificio alto, no importa quién sea, caerá al suelo. La ley de gravedad no hace acepción de personas. Lo que hace respecto a uno lo hace respecto a todos. Ningún hombre es «libre» de escoger si la ley de la gravedad va a actuar o no sobre él. Desde luego, puede ejercer su libre albedrío saltando desde lo alto del edificio, pero no lo es para escoger las consecuencias. No tiene más remedio que caer al suelo, no importa cuánto desee que ocurra otra cosa. Las consecuencias de su acción escapan a su libertad de elección.

En segundo lugar, vivimos dentro de límites mentales. Como dijimos anteriormente, no importa cuán inteligente sea una persona, la inteligencia del hombre es limitada. No podemos saber todo lo que se puede conocer. No podemos prever el futuro. Un «librepensador» sólo puede serlo hasta cierto punto.

En tercer lugar, al igual que Dios impone ciertos límites físicos y mentales a nuestra libertad, también impone límites a nuestra libertad moral. En este punto es donde la singularidad del hombre le separa enteramente del águila. Aunque el águila vive por instinto en un mundo amoral, sin bien ni mal, el hombre vive en una dimensión moral en la que lo bueno y lo malo, lo justo y lo injusto, son realidades diarias. Las elecciones morales están continuamente delante de nosotros. La cuestión es, *¿tiene el hombre libertad para decidir sus propios límites morales, o están ya establecidos, lo mismo que la gravedad?*

Aquí es donde los supuestos hebreos colisionaron con los supuestos griegos como trenes de mercancías en la noche. La postura hebraica es que el hombre tiene límites a su libertad de elección en la dimensión moral, al igual que tiene límites en las dimensiones física y mental. En la concepción hebrea el hombre no tiene libertad de elección para determinar su propio código moral. No es más libre para decidir qué ética le es aplicable que para decidir qué leyes de la física han de estar en vigor. Sí, puede elegir violar el código moral que Dios ha establecido, al igual que puede saltar desde el borde del alto edificio, pero en ambos casos, las consecuencias son tales que el jactarse de «libertad de elección» es sumamente engañoso.

Para el hombre, el código moral no es cuestión de elección. Cuando Dios entregó a Moisés los Diez Mandamientos, no los presentó como las «Diez Sugerencias» o las «Diez Opciones». No dijo a Moisés que el pueblo era libre para escoger sus mandamientos o buscar sus propias alternativas. Este código moral fue determinado por Dios para los hombres. La ley moral es una ley trascendente. Es decir, existe por encima e independientemente del hombre, lo mismo que la ley de la gravedad y cualquier otra ley de orden creada. El hombre no se inventa estas leyes, las reconoce, las acepta y vive reconciliado con ellas.

Aunque el hombre tiene potestad de actuar en contra de estas leyes, ello no significa que tiene autorización de hacerlo. Aunque Caín tuvo poder para matar a su hermano Abel, su libertad no incluía el decidir por sí mismo si su acto era bueno o malo, ni la libertad de determinar sus propias consecuencias. Podríamos decir que el hombre tiene «libertad» para violar el código moral de la misma manera que tiene «libertad» para saltar desde el borde de un acantilado, si es que desea llamar libertad a eso. Si un hombre decide saltar por un precipicio, Dios no va a detenerle. Pero tampoco va a interrumpir la ley de la gravedad para que no actúe sobre él, y si no tiene más remedio que caer al suelo, *no es en absoluto libre.* «¿Amor libre?». «¿Libertad de elección?». Un hombre debe considerar las consecuencias antes de saltar. La gente no tiene libertad para quebrantar las leyes morales de Dios. Las leyes de Dios, cuando son violadas, *quebrantan a las personas.* Y también las culturas.

Aunque los antiguos griegos eran muy religiosos en el sentido de que adoraban a muchos dioses y rendían homenaje a una hueste de espíritus, la religión griega no proveyó una norma básica de moral común a todos los hombres. Su religión no se pronunciaba en términos de lo que es absolutamente justo o injusto, bueno o malo para todos. Lo que era «bueno» o «malo», «verdadero» o «falso», era relativo al individuo o grupo que definía sus términos. Ya que sin el reconocimiento de un código moral trascendente por el que vivir, el hombre determinará por sí mismo sus alternativas, decidirá por sí mismo lo que debe y no debe ser, actuando como «dueño legítimo y amo de su persona». La moral, entonces, pasa a ser una cuestión relativa. Relativa al individuo, el grupo, el tiempo o la circunstancia. Esto en esencia, significa el relativismo moral, que algunos han confundido con la libertad moral.

En una cultura que abraza el relativismo moral no pasa mucho tiempo hasta que la línea que separa el bien y el mal, lo justo y lo injusto, no signifique nada. Después de todo, ¿quién puede decidir lo que es realmente bueno o malo, justo o injusto, en un mundo sin una norma objetiva de «rectitud/injusticia» por la que todas las opiniones deben medirse? En una sociedad en la que impera el relativismo moral, la opinión de un hombre es tan buena como cualquier otra opinión. Mientras que para el griego la verdad solía ser un asunto de opinión, para el hebreo la opinión tenía poco que ver con la verdad. Al fin y al cabo, Dios había hablado y ¿quién era el hombre para redargüir?

Esta perspectiva de las leyes divinas, trascendentes, de la física y la moral, debe tener presente que el hombre fue creado para encajar armoniosamente en un mundo ordenado por otro Ser. Fue asunto de la libre elección de Dios, no la nuestra. Fue su idea, no nuestra.

Ocupar el extremo receptor de la creación significa que el hombre sólo puede recibir las cosas de la manera que le llegan. Es decir, respira aire porque así es como sus pulmones deben funcionar. Camina sobre dos piernas porque así le diseñó Dios. El hombre no decidió al respecto, ni le fue consultado antes de su creación. Dios es el Creador, y el hombre es la criatura. Es necesario preservar el orden original.

La realidad de nuestra posición como seres creados que viven en un mundo que funciona sometido a las leyes trascendentes del Creador es algo que debemos aceptar cual es: *la legítima expresión de su Señorío y su propiedad sobre todo*. El hombre nunca puede ser el centro de la vida. Dios sí. Sólo Él es Señor y Dueño legítimo de todo. Ésta es la verdad, y cuanto antes la conozcamos, antes seremos libres.

¿Qué es, entonces, la libertad? La libertad, en un mundo de orden y ley trascendente, es el reconocimiento de esas leyes y vivir en armonía con ellas, someterse al orden prescrito, y funcionar responsable y creativamente dentro de los límites que Dios ha provisto amablemente para nuestro bienestar. La libertad genuina es el autocontrol interno que proviene del dominio propio sometido a Dios, mediante la capacitación del Espíritu Santo, independientemente de las circunstancias.

La Biblia no duda en decir a los hombres lo que pueden o no pueden hacer, porque el Dios que revela procura el máximo bien para los seres humanos. Sus mandamientos son expresión de amor responsable por todas las personas, como el amor de un padre que advierte a su hijo que no ponga las manos en el fuego. Las leyes de Dios concuerdan con su amor. Los que entienden que sus leyes son buenas las abrazan con gozo. No las resisten ni consideran que son «imposiciones». Las buscan activamente. Se deleitan en el orden del Señor y son como «árbol plantado junto a corrientes de aguas, que da su fruto en su tiempo, y su hoja no cae; y todo lo que hace prosperará» (Salmo 1:2-3).

Jesús dijo: «guardad mis mandamientos», y en el mismo tono: «Estas cosas os he hablado, para que mi gozo esté en vosotros, y vuestro gozo sea cumplido», (Juan 15:10-11). El apóstol Pablo dijo de sí mismo que era «esclavo» del Señor y «hombre libre» en Cristo. He aquí, pues, una de las grandes paradojas de la vida: *la libertad humana se halla en la sumisión a la voluntad de Dios.* Lo que parece esclavitud al griego es en realidad libertad definitiva, y lo que parece libertad al griego es esclavitud humana suprema.

¿QUIÉN GOBIERNA SOBRE EL PLANETA TIERRA?

¿Quién rige sobre el planeta tierra? Pregunte a muchos cristianos y ellos le dirán que «Dios». Otros dirán que el «diablo». Pero por extraño que parezca, en el principio, Dios mismo dijo:

«Hagamos al hombre a nuestra imagen, conforme a nuestra semejanza; y señoree en los peces del mar, en las aves de los cielos, en las bestias, en toda la tierra, y en todo animal que se arrastra sobre la tierra», (Génesis 1:26). Dios arrojó la pelota a nuestro lado de la cancha desde el principio del juego. Éstas son las primeras palabras relativas al propósito para la humanidad, proclamadas antes de la creación de Adán. La *Primera Comisión* de Dios. Pero antes de dar rienda suelta a nuestra imaginación, debemos detenernos y enfocar la imagen en el debido contexto. Aunque Él nos encargó que gobernásemos la tierra, no nos dio permiso para hacerlo como nos diese la gana. En última instancia, Dios es Señor de todo, y hay unas leyes fundamentales que hemos de cumplir. Si pensamos que podemos jugar con nuestras propias reglas de juego, estamos gravemente equivocados.

Pero en vez de centrarnos en lo que no podemos hacer por causa de nuestras limitaciones, centrémonos en lo que podemos hacer ejerciendo nuestra libertad. Ya que dentro de las lindes de nuestra limitación humana, Dios nos ha concedido una libertad asombrosa y el puesto de honor más alto entre todos los seres vivos. David, el rey pastor hebreo, ponderó sobre esto una noche bajo las estrellas: «Cuando veo tus cielos, obra de tus dedos, la luna y las estrellas que tú formaste, digo: ¿qué es el hombre, para que tengas de él memoria, y el hijo del hombre, para que lo visites? Le has hecho poco menor que los ángeles, y lo coronaste de gloria y de honra. Le hiciste señorear sobre las obras de tus manos; todo lo pusiste debajo de sus pies», (Salmo 8:3-6).

¡Al hombre le fue encomendado administrar la creación de Dios! Lo que Él declaró que existiera y proclamó que era bueno, lo confió en manos de seres humanos para que lo cuidaran y administraran. El hombre, por ser imagen de Dios, estaba plenamente equipado para cumplir la tarea porque la capacidad para gobernar es también uno de los aspectos centrales de lo que significa haber sido creado a semejanza de Dios. Así como Dios es el Gobernador infinito del universo, creó una semejanza de sí mismo que fuera gobernador finito de la tierra. Nosotros somos las únicas criaturas que hemos recibido mayordomía sobre toda la tierra. Es un mandato de suma responsabilidad, y una posición de tremendo honor. «Conforme a nuestra semejanza; y señoree...».

Al mismo tiempo, debemos ser conscientes de que aunque se nos haya encargado gobernar el planeta tierra, no se nos ha dado en propiedad. No es nuestro mundo, pertenece a Otro: «De Jehová es la tierra y su plenitud; el mundo, y los que en él habitan», (Salmo 24:1). Además, el hombre no fue coronado rey, sólo fue hecho representante. Nuestro gobierno es como el de un virrey que gobierna sobre un territorio o provincia como representante de un soberano o rey, responsable ante una autoridad más alta, ejerciendo poder y autoridad delegados. En nuestro caso, delegados por el mismo Dios.

Por lo tanto, nuestra posición comisionada de gloria y honor, como corona de la creación, de gobierno sobre todo lo que Dios ha creado en la tierra, acarrea ciertas obligaciones anexas. Porque, como en el desempeño de cualquier ejercicio de autoridad delegada, ocupamos una posición de responsabilidad ante el que nos concedió esa autoridad en el principio. Todo lo que sea menos que esto, sería licencia para instaurar la anarquía en la tierra, en la que cada hombre haría lo que mejor le parece, lo cual (como siempre) conduce a problemas.

La Biblia es insistentemente clara a este respecto: Sólo hay un Señor, y no somos usted ni yo. La Escritura no aclara por qué Él decidió gobernar la tierra a través de la autoridad delegada, investida en los seres humanos. Considerando cómo nos las hemos arreglado para estropear tanto las cosas, es un milagro que todavía estemos a cargo. No obstante, el hecho es que fuimos creados para gobernar, y gobernar con dignidad, sometidos a Dios.

A diferencia del mono, el hombre no fue programado por instinto para comportarse de manera predecible. Su creación a semejanza de Dios no lo permitía, y una mayordomía responsable de la tierra requiere el desempeño de una voluntad decisoria con un alto grado de libertad. Requiere la voluntad de gobernar responsablemente, crear, transformar, desarrollar y cuidar. Ser controlado por el instinto habría significado que el hombre fuera mucho menos de lo que Dios dispuso. Él no quiso crear más animales. Creo una persona que tuviera la capacidad de gobernar con iniciativa, creatividad y placer.

En cuanto al gobierno o soberanía terrenal del hombre, conviene señalar que al igual que Dios concede a cada uno varias capacidades y diversidad de dones, Él no pretende que toda persona llegue a ser presidente de su nación. No se debe considerar el gobierno sólo en términos políticos. El gobierno lo expresan personas de todas las edades, en todo contexto imaginable y de maneras incontables, a menudo en forma de mayordomía responsable. Para un niño, la soberanía puede tener lugar en el contexto de mantener su habitación ordenada y cuidar de su mascota. A medida que va creciendo, la esfera de mayordomía se acrecienta. Para los adultos, la soberanía puede tener lugar en el hogar, así como en la vida pública, ya sea expresando dominio sobre el patio anterior, el jardín o la cocina, o gobernando sobre esferas de responsabilidad en la oficina, como el uso de un procesador de textos, o en una fábrica, remachando el ala de un avión.

Todos, con la excepción de los niños muy pequeños, pueden ejercer mayordomía responsable sobre algún aspecto de la creación. Para algunos, podrá ser una «parcela» relativamente pequeña de la vida, mientras que para otros puede ser toda una nación.

Ahora haga una pausa y reflexione un momento. Considere su propia esfera de responsabilidad. ¿Qué ha puesto Él en sus manos? ¿Qué le ha encargado administrar? ¿Cuidar? ¿Cultivar? ¿Vestir y preservar? ¿Qué le ha pedido desarrollar? ¿Promover? ¿Inventar? ¿Refinar? ¿Avanzar? ¿De qué maneras está usted llevando a cabo las asignaciones que Él le encargó, a su semejanza, para cuidar y cultivar su mundo?

CUATRO ERRORES SOBRE LA CAÍDA DEL HOMBRE

«De todo árbol del huerto podrás comer; mas del árbol de la ciencia del bien y del mal no comerás; porque el día que de él comieres, ciertamente morirás», (Génesis 2:16-17).

Con el mandato de no comer de cierto árbol, el hombre fue confrontado con la realidad de que había otro que ejercía una autoridad más alta. La cuestión de la ley trascendente fue establecida exactamente allí y nunca nos ha abandonado. Hasta el tercer capítulo de Génesis, Adán y Eva disfrutaron de total armonía con Dios. Las cosas eran como tenían que ser, ordenadas y hermosas. El hombre nunca había experimentado el desorden, ni la «maldad». Pero con el primer acto de desobediencia, entendieron de repente la diferencia entre bien y mal, porque experimentaron en su propia carne la realidad de la iniquidad. Súbitamente descubrieron en qué consistía la culpa. Y con la culpa llegó la vergüenza, el temor, la acusación y el dolor. Escondido detrás de una barrera de relación rota con Dios, el Adán inocente murió en esa misma hora.

En el cuarto capítulo de Génesis, Caín mata a su hermano Abel con ira de celos y después niega su muerte delante de Dios. En el capítulo 6, la corrupción de la humanidad es tan grande que el mismo Dios lamentó haber creado al hombre y «le dolió en su corazón», (Génesis 6:6). Lo que separa el capítulo 2 del capítulo 4 y siguientes, es el acontecimiento más catastrófico en la historia del hombre: la Caída.

La Caída fue un acontecimiento histórico decisivo y estremecedor, no solo para Adán, sino para todos sus descendientes. Como resultado del primer pecado, Adán y todos los que estaban «en sus lomos» llegaron a ser distintos de como Dios les había originalmente diseñado. Por medio del acto de desobediencia voluntaria de Adán, la imagen original de Dios quedó ensuciada, deformada y distorsionada. En la Caída, el hombre vino a ser lo que Dios no era: un transgresor de la ley moral. Escogió voluntariamente arrojarse desde el borde de un precipicio y las consecuencias fueron inevitables para todos nosotros. El hombre ahora tenía necesidad de restauración. No solo Adán, el primer hombre, sino toda la prolongación de sí mismo, su descendencia unida en el tiempo, su misma especie, portadora de su imagen y semejanza (Génesis 5:3) necesita restauración.

Aunque hay mucho misterio acerca de la Caída y lo que sucedió exactamente en la humanidad el día que «morimos», hay varias ideas comunes erróneas en torno a la Caída que han conducido a algunas conclusiones desagraciadas con el paso del tiempo. Considere lo siguiente:

1. *La Caída no significó que Dios perdiera el derecho a su creación ni su posición como Señor de todo.*

El mundo y todo lo que contiene pertenecen a Dios tanto antes como después de la Caída. Él sigue sosteniéndolo y siendo su dueño. La Caída no cambió esto. En el Salmo 5:10-12 Dios dice: «Porque mía es toda bestia del bosque, y los millares de animales en los collados. Conozco a todas las aves de los montes, y todo lo que se mueve en los campos me pertenece. Si yo tuviese hambre, no te lo diría a ti; porque mío es el mundo y su plenitud».

El Dr. Albert Greene, hijo, lo expresó muy bien: «En el pensamiento cristiano en torno a la Caída suele ocurrir un descarrilamiento sutil. Tendemos a pensar que cuando el hombre pecó, Dios renunció a toda la creación como a un trabajo estropeado y dejó que Satanás hiciera lo que quisiera con ella. Pero no hay nada más lejos de la verdad».[11]

Aun después de la Caída, la tierra y todo lo que ella contiene sigue siendo suyo. Por esta razón la Caída fue tan trágica. Lo que ha caído y permanece en estado caído es su creación. Es importante entender que la tierra y todo lo que contiene no pertenece a Satanás: «De Jehová es la tierra y su plenitud; el mundo, y los que en él habitan», (Salmo 24:1). Aunque el diablo actúe como si poseyese la tierra y mucha gente que vive en ella, en absoluto le pertenecen.

La verdad de la propiedad de Dios y su continuo Señorío sobre toda la tierra sigue en vigor a pesar de la decisión del hombre de actuar en contra de su autoridad y de hacer caso omiso a su derecho sobre nuestras vidas. Aun cuando la criatura diga a su Creador «decido ignorarte y escoger mi propio camino», ello no altera el hecho de que el Creador sigue siendo el Rey. Él es Señor de todo, le reconozca el hombre o no como tal. Esto nunca ha cambiado. Por supuesto, nos corresponde a nosotros reconocerle como Señor, y aceptarle como tal. Depende de nosotros recibir su perdón misericordioso del pecado y ser restaurados a una nueva relación con Él. Pero el hecho de que Él es Señor de cielo y tierra sigue en pie, doblemos o no nuestra rodilla ante Él.

2. *La Caída no significa que la intención de Dios para el hombre de gobernar sobre toda la tierra haya sido revocada.*

Las consecuencias de la Caída han provocado ciertamente que la puesta en práctica de nuestro encargo de gobernar la tierra sea mucho más difícil, pero el mandato de Dios al hombre de «fructificad y multiplicaos; llenad la tierra, y sojudgadla, y señoread…», nunca le fue revocado. Cuando uno se detiene a considerar las cosas inconfesables que el hombre ha hecho en su función de gobernador y mayordomo de la tierra, se admira de que Dios no le retirara la insignia cuando fue expulsado del paraíso. Pero la provisión divina de redención a través de la muerte expiatoria de Cristo permite a los hombres desempeñar la función de soberanía en armonía con Dios. Este fue el plan original de Dios para nosotros, y la Caída no lo alteró.

3. *La Caída no significa que el hombre ya no ostente la imagen y semejanza de Dios.*

Este es otro «sutil descarrilamiento» del pensamiento cristiano. Tendemos a pensar que porque el hombre cayó, ya no es portador de la imagen y semejanza de Dios. No cabe duda de que Adán y Eva fueron distintos después de la Caída. Se comportaron y pensaron de manera distinta, y su corazón cambió —pues habían experimentado el pecado actuando en contra de la autoridad de Dios—. Quedaron separados de Dios de una manera que no habían experimentado, y su prole nació en este estado alienado y separado. Las cosas no fueron, desde luego, como deberían haber sido, como fueron en el principio. Por supuesto, por culpa del pecado, ciertos aspectos de la semejanza de Dios le fueron al hombre ciertamente confiscados. A saber, el hombre caído tiene una naturaleza caída, mientras que Dios no. En términos de carácter y de pureza moral, el hombre caído es muy distinto de Dios, y se aleja bastante de su semejanza. Pero a pesar de la condición alterada del hombre, sigue reflejando la imagen de Dios como marca exclusiva de su creación especial entre los seres vivientes. Los dones y dotaciones a su semejanza eran aún necesarios para que el hombre cumpliera su destino en la tierra y fuera capaz de comunicar con Dios a un nivel significativo, por encima del animal dominado por sus instintos.

Es significativo notar en Génesis 9, después de que Noé y su familia sobrevivieran el diluvio, que Dios dijo específicamente a Noé: «El que derramare sangre de hombre, por el hombre su sangre será derramada; porque a imagen de Dios es hecho el hombre», (Génesis 9:6). En este pasaje Dios reafirma la distinción de la imagen que porta el hombre, después de la Caída, y una vez más declara el valor especial y singular del hombre entre todos los seres vivientes. Y esto nos guía a un importante cuarto punto:

4. *La Caída no significó que el hombre perdiera su valor o dignidad intrínsecos.*

Aun menoscabado por la Caída, el hombre siguió teniendo un valor y una dignidad intrínseca incalculables. No debemos concluir que porque el hombre pecara, Dios le desechara como instrumento averiado, o le considerara despreciable. El hecho de que el hombre siguiera teniendo gran valor y dignidad a los ojos de Dios aun en su estado caído es puesto en evidencia por la realidad de que Jesús fuera hasta el final, y muriera en una cruz romana para redimir y restaurar al hombre caído. Esto es lo que significa la salvación. La voluntad de Dios no es sólo perdonar el pecado y garantizar el acceso a una comunión con Él, sino el restaurar en el hombre la plena renovación de la imagen de su Creador. (Compruebe Colosenses 3:9-10; 2 Corintios 3:18; Efesios 4:24; Romanos 8:28-29).

Como mencionamos previamente, nos hacemos a nosotros y a nuestro prójimo un mal servicio si no reconocemos la dignidad y el valor intrínseco de los seres humanos, cristianos o no, como portadores de la imagen de Dios, aun en estado caído. El fracaso en reconocer el valor intrínseco del hombre ha conducido a mucha miseria humana. Es particularmente trágico constatar los efectos que este fracaso ha producido en los niños, a quienes volvemos la atención, al considerar el enorme contraste entre los supuestos griegos y hebreos respecto a ellos, y cómo esos supuestos han conducido a distintos actos y actitudes hacia los pequeños.

RESUMEN DEL CAPÍTULO TRES: PERSONAS, LUGARES Y CONCEPTOS CLAVE

La razón comparada con la revelación
Fe basada en la razón; fe basada en la revelación; fe ciega
Una base objetiva frente a una base subjetiva para la fe
Génesis 1:26-28 (el «mandato cultural» o, «Primera Comisión»)
La ley moral y el significado del bien y el mal
La Caída (qué es y qué no es)
La concepción bíblica frente a la concepción griega de la libertad
Verdad absoluta
Autonomía
Relativismo moral

1. ¿En qué maneras son compatibles la razón y la revelación? ¿En qué son incompatibles?
2. ¿Por qué la expresión «plomada divina» es una buena manera de definir la función de la Palabra de Dios en nuestra vida individual y colectiva? ¿Qué efectos acarrea la falta de una plomada divina de valores sobre cualquier cultura o grupo de personas? Si una sociedad no acepta la Biblia como su plomada divina ¿qué alternativas puede escoger para promover y preservar la unidad? Piense en ejemplos históricos del pasado y el presente.

3. Ponga un ejemplo reciente de una idea o hecho «basado en la razón» que haya oído, leído o visto en los medios de comunicación. ¿Puede dar un ejemplo de una idea o hecho «basado en la revelación» que haya oído o visto en los medios? (Nota: Las ideas o hechos «basados en la revelación» no tienen por qué ser conscientemente identificados como tales por los que los piensan o los llevan a cabo. Hay personas que pueden observar un código ético de base bíblica aun cuando no sepan de dónde procede).
4. ¿Cómo se distingue la «administración» de la «propiedad»?
5. ¿Por qué no fue posible que los hombres fueran programados para vivir por instinto y pudieran aún cumplir los propósitos de Dios?
6. Si todos aceptaran verdaderamente el supuesto de que todos vivimos bajo un código moral trascendente y prescriptivo, es decir, un código moral prescrito por Dios sobre el que no tenemos control ni poder de alterar, y estamos obligados a obedecerlo, muchas formas de entender términos y frases populares tendrían un sabor radicalmente distinto. Imagine que se le ha encomendado la tarea de escribir un diccionario titulado *El nuevo diccionario cristiano de la lengua española,* y que incluyera los siguientes términos. Escriba definiciones desde un marco de referencia bíblica.

libre empresa:

amor libre:

libre albedrío:

sociedad libre:

libre elección:

derechos humanos:

Por ejemplo, en el *American Heritage Dictionary,* la «libre empresa» se define como: «La libertad de la iniciativa privada de operar competitivamente bajo la mínima regulación estatal». Esta expresión definida en *El nuevo diccionario cristiano* podría decir: «La libertad de la iniciativa privada de operar competitivamente sujetándose a las directrices éticas y morales que Dios ha provisto».

CAPÍTULO CUATRO

SUPUESTOS GRIEGOS Y NIÑOS NO DESEADOS

Una vez un grupo de médicos creó y aplicó una fórmula para determinar si ciertos bebés debían vivir o morir. Fue denominada fórmula de la «calidad de vida». CV = DN x (H + S). Según la cual, la calidad de vida de un niño [CV] era igual a su dotación natural [DN] multiplicada por la suma de la contribución del hogar en el que vivía niño [H] y la sociedad [S]. Aplicando esta fórmula a ciertos niños recién nacidos, se planteó que los que no tuvieran suficiente factor calidad de vida no recibieran trato adecuado contra infecciones o enfermedades graves. Es decir, que los médicos no intentarían salvar sus vidas, sino que les dejarían morir.

¿Es ésta una historia verdadera o pertenece a una novela futurista? Y si sucedió, ¿cuándo y dónde tuvo lugar? ¿Fue en la Alemania nazi de los años «cuarenta», en la Rusia comunista de los años «veinte» o en la antigua Atenas de 350 a.C.? A decir verdad, tuvo lugar en Oklahoma City, zona central de EEUU, en el estatal Memorial Hospital para niños. Formó parte del plan de «tratamiento selectivo» del centro hospitalario, en el que, entre 1977 y 1982 se decidió que 24 de 69 niños nacidos con espina bífida estarían mejor muertos que vivos. Así pues, los 24 fallecieron; otros ocho recibieron tratamiento a petición de sus padres, aunque los médicos les aconsejaron lo contrario. De estos ocho, seis sobrevivieron. (Se puede leer más acerca de este asunto en el número de octubre, 1983, de *Pediatrics*, Vol. 72, No. 4, pp. 450-458).

Este tipo de mentalidad de «calidad de vida», que conduce al exterminio de niños, ha estado rondando por mucho tiempo. Históricamente, forma parte de nuestra herencia occidental. Como mencionamos anteriormente, el infanticidio fue comúnmente aceptado y practicado en la antigua Grecia. Los espartanos arrojaban a los niños no deseados desde la ladera del monte Taigeto, y los atenienses los exponían a los elementos en vasijas de barro colocadas junto a los templos de sus dioses. Esto concordaba con el pensamiento de filósofos como Platón, quien fue partidario de que los niños «inferiores» de la clase dirigente fueran descartados por el bien de Atenas.[12]

En la antigua Grecia, el valor de los niños dependía del valor que les concediera la comunidad particular en la que nacían. Si un niño era considerado perjudicial para la «vida buena» de Atenas, era eliminado. O si suponía un impedimento para la fortaleza de la ciudad-estado de Esparta, su vida era extirpada. Mientras que en Atenas, el infanticidio se justificaba aduciendo preocupación por la sobrepoblación y el agotamiento de los recursos de la tierra, la matanza espartana de los niños débiles se justificaba en razón del mantenimiento del poder militar. Tanto en Esparta como en Atenas, el valor de la vida del niño se medía en términos del beneficio o perjuicio social. La misma idea se ha reavivado en el siglo XX en Occidente.

Puede resultar chocante la aspereza o crueldad de los espartanos hacia los niños débiles. Además, es igualmente sorprendente que los niños a los que se permitía vivir fueran entregados por completo al estado a los siete años. Pero seríamos miopes si no acertáramos a vislumbrar que algo muy similar tuvo lugar en la civilizada Alemania de los años «treinta» y «cuarenta». Adolf Hitler, el Licurgo moderno, declaró: «Por tanto, es necesario que el individuo llegué poco a poco a darse cuenta de que su propio ego no es importante comparado con la existencia de todo el pueblo, y que la posición del ego personal lo determina exclusivamente el interés de la totalidad del pueblo».[13]

En la Alemania nazi, como en Esparta, el valor dependía sólo del grupo —el estado—. Los intereses del estado determinaban la dignidad humana. Aunque en Esparta estaban en juego los intereses de Licurgo, en el caso de la Alemania nazi se trataba de los intereses de Adolf Hitler. William Shirer en *Auge y caída del tercer Reich* describe el adoctrinamiento de la juventud alemana para el nuevo orden:

> Desde los seis hasta los dieciocho años, cuando comenzaba el reclutamiento para el servicio laboral y el ejército, las chicas y los chicos eran organizados en los diversos cuadros de las juventudes hitlerianas. Los padres hallados culpables de intentar impedir que sus hijos se incorporaran a la organización se arriesgaban a grandes penas de cárcel. Cada joven recibía un libro de ejecución en el que se registraba su progreso en el movimiento juvenil nazi, y por supuesto, su desarrollo ideológico. A los diez años, después de superar las debidas pruebas atléticas, acampada e historia nazi, pasaba a formar parte del Jungvolk («Pueblo joven»), y debía hacer el siguiente juramento: «En presencia de este estandarte de sangre, que representa a nuestro Fuhrer, juro dedicar todas mis energías y mi fortaleza al salvador de nuestro país, Adolf Hitler. Estoy listo, y dispuesto a entregar mi vida por él, así pues, Dios ayúdame».[14]

El establecimiento de los objetivos y valores de Adolf Hitler como norma para todos significó que las vidas de muchos alemanes le fueron ciertamente entregadas, aunque muchos no tuvieran otra elección. Si alguno representaba un impedimento para los fines del Reich se deshacían de él. Entre éstos no sólo había judíos, sino también muchos líderes cristianos, así como personas débiles y minusválidas de cualquier clase.

Desde principios a mediados de la década de 1940, hubo una agencia especial encargada de exterminar a niños. Estaba compuesta de expertos en psiquiatría y pediatría, cuya función consistía en decidir —del todo por sí mismos—qué niños debían ser eliminados. El Dr. Fredric Wertham describió el funcionamiento de esta agencia en su libro, *La señal para Caín*:

> Los niños destinados a la muerte eran enviados a «divisiones infantiles» especiales... Mayormente eran asesinados con dosis crecientes de Luminal u otras drogas administradas como medicamentos o mezcladas con la comida. La agonía duraba varios días, y a veces semanas. En la práctica, los indicios que arrastraban a la matanza eran cada vez más abundantes. Se añadían niños con «oídos malformados», los que se orinaban en la cama o eran perfectamente sanos pero tenidos por «difíciles de educar». Los niños que quedaban bajo la autoridad del Comité del Reich eran al principio, en su mayoría, muy pequeños. La edad se elevó luego a diecisiete años. Más tarde, en 1944 y 1945, la comisión incluyó también adultos.[15]

Si pensamos que tal tipo de cosas nunca podría suceder en EEUU, no nos damos plena cuenta de cuán lejos nuestro avión cultural se ha adentrado en el desierto y cuán bajo está su nivel de combustible moral. En realidad, puede que ya hayamos abandonado el avión. Ya en 1982, el infanticidio legal saltó a los titulares de los periódicos, cuando el Tribunal Supremo de Indiana sancionó la negación de tratamiento médico —con la subsecuente hambruna— a un recién nacido conocido en todas partes como «Niño Doe». Nacido con síndrome de Down, el bebé sufría una obstrucción en el esófago que podría haber sido fácilmente corregida por medio de una operación rutinaria. Pero el tribunal concedió a los padres autonomía para negarle la comida. Después de seis días, el niño Doe murió de hambre, no en una vasija de barro, sino en un moderno hospital esterilizado.

Uno podría creer que estamos todavía lejos de matar a niños con «orejas malformadas», pero si piensa tal cosa está muy equivocado. Desde 1973, los estadounidenses han venido asesinando legalmente miles de niños con «orejas malformadas», y millones de ellos con orejas bien formadas. Ocurre que no se permite a los niños vivir lo suficiente como para comprobar qué aspecto tienen sus orejas. Son asesinados en el vientre antes de ver la luz del día.

¿Cómo ha podido ocurrir esto en tan poco tiempo? ¿No eran impensables el aborto y el infanticidio legalizado en los años cincuenta? Así es, y he aquí la explicación de por qué sucedió. Todo tiene que ver con el pensamiento. Lo que una vez era impensable llegó a ser pensamiento aceptable. Y el pensamiento aceptado, más pronto o más tarde se lleva a la práctica. Nuestros supuestos han cambiado. Lo que muchos estadounidenses asumían hace años como verdad sobre nosotros y nuestros hijos, ya no lo sostienen como verdadero. Ha habido un cambio a gran escala de supuestos acerca de quiénes somos y qué determina nuestros valores. En el momento histórico actual, muchos estadounidenses han asimilado los mismos supuestos que abrazaron los antiguos griegos y que permitieron a unos pocos nazis justificar la eliminación de niños con incontinencia de orina. Estos mismos supuestos permiten hoy que una multitud de estadounidenses que comen pastel de manzana eliminar 4.000 niños no nacidos al día, antes de haber tenido la oportunidad de dormir en una cama, y menos en una cama húmeda.

¿A qué cambios de supuestos nos referimos exactamente? Pocos han declarado el asunto de manera más clara en letra impresa que Peter Singer, experto en ética y biomédico, cuyo comentario apareció en la revista *Pediatrics,* número de julio, 1983 (72:128-129):

> No importa lo que el futuro nos pueda deparar, será probablemente imposible restaurar en su totalidad la postura de la santidad de la vida. Los fundamentos filosóficos de esta concepción han sido destruidos. Ya no podemos basar la ética en la idea de que los seres humanos son una forma especial de creación, a imagen de Dios, diferenciada de los animales, la única que posee alma inmortal. Una mejor comprensión de nuestra naturaleza ha salvado la distancia que una vez se pensó que había entre nosotros y otras especies, de modo que, ¿por qué habríamos de creer que el mero hecho de formar parte de la especie Homo sapiens confiere a esta vida un valor singular, casi infinito?
>
> Una vez que el galimatías religioso que envuelve el término «humano» ha sido echado por tierra, podemos aceptar que los miembros normales de nuestra especie posean mayores capacidades de racionalidad, autoconciencia, comunicación, etcétera,

> que los miembros de cualquier otra; pero no consideraremos sacrosanta la vida de todos y cada uno de los miembros de nuestra especie, sin distinguir cuán limitada pueda ser su capacidad de vida inteligente o incluso consciente. Si comparamos un niño gravemente defectuoso con un animal no humano, un perro o un cerdo, por ejemplo, a menudo hallaremos que el no humano posee capacidades superiores, actual y potencialmente, de raciocinio, autoconciencia, comunicación y cualquier cosa que pueda ser plausiblemente considerada moralmente significativa. Sólo el hecho de que el niño defectuoso sea miembro de la especie Homo sapiens hace que sea tratado de otra manera que un perro o un cerdo. No obstante, la mera pertenencia a una especie no es moralmente relevante.[16]

En 1998 Peter Singer fue nombrado académico numerario de la Universidad de Princeton, donde enseña ética en el Centro para Valores Humanos. El profesor de filosofía Peter Unger, de la Universidad de Nueva York, en una carta dirigida a *The Wall Street Journal,* escribió: «En muchos aspectos, él es el experto en ética, más influyente en vida».

Puede estar seguro de que las ideas de Singer son hoy defendidas por muchas personas educadas e influyentes en Occidente, a quienes se les ha enseñado a pensar que el hombre es producto de la evolución natural, resultado de la mezcla al azar de aminoácidos en el agua del mar, sin valor real o sentido más allá de lo que decide por sí mismo, o algún otro decida por él. Esto es lo que Singer quiere decir por «mejor comprensión de nuestra naturaleza». Según esto, la distinción entre humano y no humano no tiene ninguna base, ya que hombre y animal son esencialmente lo mismo, y sólo se distinguen por la especie. Como dice Singer: «La mera pertenencia a una especie no es moralmente relevante».

Según la «mejor comprensión» de Singer, la importancia de una persona se determina por la propia capacidad de razonamiento, la autoconciencia, la comunicación, y así sucesivamente. La gente, sean niños pequeños o ancianos, que no cumple las normas mínimas de capacidad en estos aspectos vale menos que un cerdo sano.

El 24 de junio de 1999, en una entrevista para la PBS, el Sr. Singer declaró: «Pienso que matar a un recién nacido, sea físicamente apto o no, nunca equivale a matar a un ser que quiere seguir viviendo... Hay casos justificados en los que los padres y los médicos deciden que el niño no debe vivir». Y el 2 de octubre de 1999, el *Washington Times* citó literalmente a Singer: «Matar a un niño defectuoso no es moralmente equivalente a matar a una persona. A veces no está mal en absoluto».

Tan lamentable forma de pensar acarrea graves ramificaciones para aquellos cuyas capacidades físicas o mentales están disminuidas. ¿Quién determinará el grado de imperfección suficiente para imponer la eliminación?

Esta cuestión debería encender todas las alarmas dada la gravedad del asunto. Llevada a su conclusión lógica, la eliminación de personas —sean minusválidas o no— consideradas insignificantes por cuanto no dan la talla de la idea que otro tiene respecto a lo que es importante, puede un día no lejano ponernos a todos en peligro.

EL PODER MISTERIOSO DE LOS DÉBILES

Oliver deVinck nació en 1947. Fue una de esas personas que no habrían alcanzado las mínimas normas de importancia moral de Peter Singer. Su hermano, Christopher, profesor de lengua inglesa, escribió de él en un artículo aparecido en *The Wall Street Journal*, el 10 de abril de 1985. He aquí su caso:

> Me crie en la casa donde mi hermano tuvo que guardar cama treinta y dos años, en la misma esquina de su habitación, bajo la misma ventana, al lado de la mismas paredes amarillas. Era ciego y mudo. Sus piernas estaban torcidas. No tenía fuerza para levantar la cabeza ni inteligencia para aprender nada. Oliver nació con grave lesiones cerebrales que dejaron su cuerpo y su persona en perpetuo estado de indefensión. Hoy soy profesor de lengua inglesa, y cada vez que presento a mi clase la obra de Hellen Keller, *The Miracle Worker*, cuento a mis alumnos el caso de Oliver.

Un día, en mi primer año de enseñanza, intenté describir la falta de respuesta de Oliver ante cualquier estímulo: había que darle cada bocado que comía y no podía hablar. Un muchacho en la última fila levantó la mano y dijo: «Sr. deVinck, ¿quiere usted decir que era un vegetal?». Yo balbucí unos segundos. Mi familia y yo alimentábamos a Oliver. Le cambiábamos los pañales, colgábamos su ropa y sus sábanas en una cuerda en el sótano y las extendíamos al aire libre, con inmaculada blancura, en el verano. A mí siempre me gustó ver saltar a los saltamontes sobre las fundas de las almohadas.

A Oliver le bañábamos. Le hacíamos cosquillas en el pecho para hacerle reír. A veces dejábamos la radio encendida en su habitación. Bajábamos la persiana por la mañana para evitar que diera el sol sobre su cama y le quemara su sensible piel. Le oíamos cuando veíamos la tele en la sala de abajo. Le oíamos balancear sus brazos y hacer chirriar la cama. Le oíamos toser a medianoche. «Bueno, supongo que usted podría llamarle vegetal. Yo le llamo Oliver, mi hermano. Si usted le conociera, lo amaría». Una tarde, a los pocos meses de nacer, mi madre le acercó a una ventana bajo un sol brillante. Oliver miró directamente la luz del sol, y en ese momento ella se dio cuenta de que era ciego.

Mis padres, los verdaderos héroes de esta historia, descubrieron con el paso de los meses que Oliver no podía levantar la cabeza, ni trepar, caminar o cantar; no podía sujetar nada en sus manos; no podía hablar. Entonces le llevaron al hospital Monte Sinaí, en la ciudad de Nueva York para hacerle pruebas y determinar el alcance de sus minusvalías. El Dr. DeLang manifestó que quería dejar meridianamente claro a mi madre y mi padre que no había absolutamente nada que él pudiera hacer por Oliver. No quería dar a mis padres falsas esperanzas. «Podrían ingresarle en una institución», les dijo. «Pero», replicaron mis padres, «es nuestro hijo. Nos lo llevaremos a casa, por supuesto». El buen hombre dijo: «Entonces, llévenselo a casa y ámenlo».

Oliver creció hasta alcanzar el tamaño de un niño de unos diez años. Tenía el pecho y la cabeza grandes. Sus manos y pies eran del tamaño de un niño de cinco, pequeños y suaves. Envolvíamos para él un paquete de cereales para niños y lo poníamos bajo el árbol de Navidad, le refrescábamos la cabeza con un trapo humedecido en plena ola de calor, en el mes de julio. Su certificado de bautismo colgaba en la pared sobre su cabeza. Un obispo visitó nuestra casa y le confirmó.

Oliver sigue siendo el ser humano más débil e indefenso que conozco, y pese a todo, uno de los seres humanos más poderosos que he visto. No puede hacer absolutamente nada, excepto respirar, dormir y comer, y sin embargo, se le podría atribuir acción, amor, coraje, intuición. Recuerdo que mi madre me dijo una vez cuando yo era pequeño: «¿No es maravilloso poder ver?». Y en otra ocasión me dijo: «Cuando llegues al cielo, Oliver se te acercará corriendo, te abrazará, y lo primero que te dirá será "Gracias"». Recuerdo también que mi madre me explicó que éramos bendecidos con Oliver en maneras que al principio no le parecían claras. Hay padres que a veces tienen niños con retrasos agudos, pero son hiperactivos, exigentes o alborotadores, y necesitan cuidados constantes. Mucha gente no tiene más opción que ingresar a su hijo en una institución. Cada circunstancia es diferente. Nadie puede juzgar.

Cuando yo tenía veintitantos años conocí a una chica y me enamoré. Después de algunos meses la llevé a casa para que conociera a mi familia. Después de la presentación, y de la charla acostumbrada, mi madre se fue a la cocina para hacer la comida y yo pregunté a la chica que si quería ver a Oliver. Por supuesto, ya le había hablado de mi hermano. Me contestó que no.

Poco después conocí a Roe, una chica muy linda. Ella me preguntó los nombres de mis hermanos y hermanas. Le encantaban los niños. Yo creí que era maravillosa. La llevé a casa después de algunos meses para conocer a mi familia. Y llegó la hora de dar de comer a Oliver.

Recuerdo que pregunté a Roe tímidamente si quería verle. «Claro que sí», me dijo, y subimos las escaleras. Yo me senté al borde de la cama de Oliver, mientras Roe observaba por encima de mi hombro. Le di una cucharada de comida, después otra. «¿Puedo hacerlo yo?», inquirió Roe con naturalidad, con libertad, con compasión, así que le ofrecí el tazón y ella se dispuso a dar de comer con paciencia a Oliver. El poder de los débiles. ¿Con que chica se casaría usted? Hoy Roe y yo tenemos tres hijos. [Extractado de *El poder de los débiles,* por Christopher deVinck. Copyright 1988 por Christopher deVinck. Usado con permiso de Christopher deVinck].

¿Qué valor puede haber en la discapacidad humana? El hermano de Oliver deVinck lo comprendió. Oliver, una de las personas física y mentalmente más discapacitadas que puede existir, una persona que muchos dirían que no tiene ningún valor, un «vegetal», según la definición de algunos, vino a ser un importante maestro, motivador de mentes, inspirador de discernimiento, inculcador de ánimo y motivador de amor genuino. Influyó profundamente en un profesor de lengua inglesa, en un futuro marido y padre, y futuro escritor que supo transmitir el influjo de Oliver en miles de lectores de *The Wall Street Journal*. Y puede que hoy Oliver haya conmovido también su vida.

La respuesta a la pregunta del valor de la discapacidad humana no suele estribar tanto en lo que el discapacitado puede hacer *por* los que le rodean, sino en lo que puede hacer *en* ellos. Éste es el poder misterioso de los débiles. Dios usa a los débiles de este mundo para hacer una obra importante en los que pensamos que no estamos discapacitados, pero podríamos estarlo por dentro mucho más de lo que pensamos.

Hay otra lección importante que podemos aprender del caso de Oliver deVinck que tiene que ver con la identidad de los niños. A saber, su identidad no depende de lo que hacen, sino de lo que son. Oliver deVinck nunca puede llegar a ser una persona. Nació siendo persona. No había absolutamente nada que Oliver deVinck pudiera hacer para autenticar su personalidad. Pero tampoco ningún otro. Ya que la personalidad humana no es algo que dependa de las propias capacidades, la realización o la edad. Es un don que poseen las personas, un estado propio de la vida, no importa su fase de desarrollo, sea embrión, niño pequeño, adolescente o anciano. No es algo que los niños pierdan cuando se comportan como animales o adquieran cuando se comportan como adultos maduros. La personalidad sencillamente no se puede lograr ni perder.

Aunque hay ciertamente un proceso de madurez por el que atraviesa la persona, en ningún momento, en el transcurso de la vida, podemos decir que una persona sea menos persona que en otro momento. Un niño pequeño y un adulto de edad mediana son plenamente humanos, ambos son personas plenas.

¿Cuál es la base de la personalidad? La ley divina de reproducción de la vida según la propia especie. Debido a esta ley, las personas engendran personas. No hay otra manera. Un niño nace persona porque su madre y su padre son personas. Y los padres del niño lo son porque los suyos, a su vez, también lo son, y así sucesivamente, a través del linaje ascendente de la personalidad hasta los padres de todos: Adán y Eva. ¿Sobre qué base podemos afirmar que Adán y Eva fueron personas? Sobre el hecho único de que Dios les creó a su semejanza, a imagen del Creador personal.

La personalidad no tiene otra raíz aparte de su ascendencia hasta el Edén, hasta la fuente de su personalidad en el propio Dios. Al separarse de su Padre original, el hombre contemporáneo ha cortado con éxito sus vínculos con cualquier fuente de identidad, más allá de un accidente cósmico colosal, y sólo posee lo que una sociedad de valores relativos decida o no ofrecerle.

Debe entenderse claramente que la Biblia presenta un modelo de niño como ser personal de una clase totalmente distinta a cualquier otro ser vivo. Todos los niños deben ser considerados creación especial dotada y originada en Dios. Deben ser aceptados como individuos cuyo lugar en el mundo y cuya dignidad personal están seguramente establecidos por quiénes son, no por lo que algún día pueden llegar a ser. El quid de la cuestión es éste: los niños no tienen que hacer nada para ganarse nuestro mayor respeto. No tienen que crecer para convertirse en personas de valor. No tienen que demostrarse nada a sí mismos. Deben ser considerados personas plenas de valor desde el momento de la concepción, no sobre un fundamento de apariencia, fortaleza o inteligencia, sino desde la base de la creación.

VALORES «FAMILIARES HEBREOS»

La historia de los judíos comienza con un padre, Abraham, primer hebreo, del cual procede gran descendencia, y discurrió a lo largo de miles de años de vicisitudes y dificultades hasta el presente. A través de la historia de Israel, la familia ha jugado un papel fundamental para fortalecer y preservar a la nación.

En el antiguo Israel, la familia era la base de la sociedad. Esto contrasta vivamente con los antiguos griegos, quienes, como hemos visto, usaron otros ladrillos para edificar. Para los espartanos, fueron las barracas del ejército. Para los atenienses, la búsqueda acelerada de individualismo cultural acarreó un antiguo movimiento de liberación de la mujer, acompañado de una devaluación de la maternidad. La paternidad también se devaluó, como pone de manifiesto el hecho de que en algunas ciudades, en las últimas etapas de la Grecia antigua, sólo una familia de cada doce tenía dos hijos, y apenas tenían hijas.

Es ampliamente reconocido que los hebreos apreciaron grandemente la familia. Pero la cuestión es ¿por qué la familia era tan importante para ellos? ¿Qué supuestos sostenían?

En primer lugar, los padres hebreos creían que Dios les había confiado los niños, y los recibían en sus hogares como citas divinas. A diferencia de los atenienses, que contaban con diez días para decidir si aceptaban formalmente al recién nacido en la familia, los hebreos recibían a todos los niños. Incluso en las circunstancias más difíciles y en los tiempos más duros, los niños eran recibidos en el hogar como enviados del Señor.

Tal fue el caso cuando Israel fue esclavizado en Egipto. Social y económicamente, aquella fue una de las etapas más oscuras de la historia hebrea. Eran esclavos absolutos en el país, y estaban sujetos a capataces que tramaban lo que podían para amargarles la vida (Éxodo 1:11-14).

Aunque hay gente hoy que en tales circunstancias cuestionarían a los padres por traer hijos al mundo en unas condiciones de vida tan difíciles, los israelitas se multiplicaron aún más en medio de la tribulación. Como dice el versículo 12, «pero cuanto más los oprimían [los egipcios], tanto más se multiplicaban». Y ellos rehusaban llevar a cabo matanzas de niños, aun cuando les fuera ordenado por el faraón, porque reverenciaban a Dios y Él «les concedió tener muchos hijos» (Éxodo 1:21, NVI).

La convicción de que los niños eran enviados por Dios para establecer y prosperar los hogares explica también por qué los hebreos tenían prohibido sacrificar niños a los ídolos. Aunque las naciones circundantes practicaban dichos sacrificios, la palabra del Señor a Moisés ordena que cualquier hombre que sacrificara su descendencia al dios pagano de Moloc «de seguro morirá; el pueblo de la tierra lo apedreará» (Levítico 20:2).

Un segundo supuesto que sustentaba la fortaleza del hogar judío era la aceptación de que el padre está obligado a asumir un papel activo en la instrucción de los niños en el hogar. Debido a esta expectativa comúnmente practicada, el antiguo Israel adquirió reputación de sociedad fuertemente patriarcal, siendo el mismo Abraham quien estableció el patrón para las generaciones que le sucederían.

Génesis 18:19 nos da un indicio concerniente al motivo que Dios tenía para intimar con Abraham de una manera tan directa y personal. Parece que la razón que tuvo Dios para permitir a Abraham conocerle tan íntimamente fue motivarle a desempeñar un papel activo y directo en su propia familia, para enseñar a su casa lo que Dios le había enseñado a él, con objeto de que los que le siguieran fueran un pueblo moralmente responsable y una nación grande y poderosa: «Porque yo sé que mandará a sus hijos y a su casa después de sí, que guarden el camino de Jehová, haciendo justicia y juicio, para que haga venir Jehová sobre Abraham lo que ha hablado acerca de él».

Dios tenía que hacer algo en Abraham para que una nación grande y poderosa llegara a ser realidad: ser un tutor parental, un padre que «mandara a sus hijos después de sí», que criara una prole que honrara a Dios, que a su vez criara a otra y ésta a otra. Por supuesto, esto no minimiza la función de la madre. Los Proverbios tienen mucho que decir también de ella. Pero el hecho sigue en pie: el modelo bíblico delega claramente la principal responsabilidad de iniciar la instrucción moral de los hijos sobre las espaldas de los padres en el contexto de sus hogares. El apóstol Pablo habló directamente acerca del asunto en Efesios 6:4: «Y vosotros, padres, no provoquéis a ira a vuestros hijos, sino criadlos en disciplina y amonestación del Señor». También dejó claro que un padre que no enseña a sus hijos a honrar al Señor no está cualificado para ejercer liderazgo en la iglesia (2 Timoteo 3:4-5).

Un tercer supuesto que contribuyó a fortalecer la familia en Israel fue la idea de que los niños no constituyen el centro del hogar. Esto puede parecer al principio algo contradictorio, pero no lo es. Aunque los niños eran recibidos como encomienda de Dios, y valorados en consonancia, debían ser instruidos desde sus primeros años para tener conciencia de que la vida no gira alrededor de ellos. Este descubrimiento se inculcaba enseñando obediencia respetuosa a los padres y honrando su autoridad.

Mediante la práctica de la obediencia a la autoridad parental se imprimía en las mentes y corazones de los niños que había una voluntad superior por encima de la suya a la que se debían someter honorable y respetuosamente. Si los niños aprendían a respetar y obedecer la voluntad objetiva, superior, de sus padres y madres mientras aún eran pequeños, en el contexto del hogar, les sería mucho más fácil obedecer la voluntad objetiva, superior, de Dios, como adultos, en el contexto de una comunidad más amplia.

Aunque el hogar centrado en el niño no era el modelo hebreo, no le quepa duda que no era raro en Atenas. Uno de los dirigentes más poderosos e influyentes de Atenas fue Temístocles. Este general tuvo bajo su mando el ejército ateniense. El historiador griego Plutarco nos permite mirar a hurtadillas en su vida familiar al escribir estas palabras: «De su hijo, que era impertinente con su madre, [Temístocles] dijo que el muchacho ejercía más poder que ninguno en Grecia; porque los atenienses gobernaban a los griegos, él gobernaba a los atenienses, la madre del niño le gobernaba a él y el muchacho gobernaba a la madre».[17] Esta declaración habría sido vergonzosa en Israel, incluso en broma. Según su mentalidad era una maldición ser gobernados por mujeres y niños.

Los israelitas no pusieron su confianza en la juventud, ni en la generación más joven como «esperanza para el futuro», es decir, en el sentido de esperar de ella respuestas innovadoras o nuevas perspectivas de la vida. Tal esperanza quiere creer que la próxima generación triunfará mientras que la precedente ha fracasado. Es la expectación anhelante de que la juventud se levantará y ganará batallas, por lo general, antes perdidas.

Tal vez este sueño consolador es la manera del mundo adulto de hallar solaz en medio de la realidad de un presente inadecuado, o de aliviar su sentido de responsabilidad en búsqueda de soluciones. Pero sea cual sea el motivo, la exaltación de la juventud y el esperar respuestas de ella era una actitud extraña para los hebreos. La exaltación de la juventud es, sin embargo, una de las marcas distintivas de Occidente en el siglo XXI.

El historiador Paul Johnson notó que los llamamientos enérgicos a la juventud para buscar respuestas a graves problemas sociales empezaron a tener lugar en Europa en los primeros años del siglo XX por parte de políticos que precedieron a la Primera Guerra Mundial:

> Los movimientos juveniles fueron un fenómeno europeo, especialmente en Alemania, donde 25.000 miembros de los clubs *Wandervogel* hacían caminatas, tocaban la guitarra, protestaban acerca de la polución y el crecimiento de las ciudades y maldecían a los ancianos. Formadores de opinión como Max Weber y Arthur Moeller van der Bruck solicitaron que los jóvenes empuñaran el timón. La nación, escribió Bruck «necesita un cambio de sangre, una insurrección de los hijos contra los padres, sustituir a los viejos por los jóvenes». Por toda Europa, los sociólogos estudiaron diligentemente a la juventud para averiguar cómo pensaba y qué quería. Y, por supuesto, lo que la juventud quería era la guerra.[18]

En cuanto al antiguo Israel, la esperanza de futuro no estribaba en las manos de la juventud, sino más bien en los hombros de los padres como cabezas de familia y los ancianos como líderes de las comunidades. Los ancianos no buscaban en la juventud sabiduría, ni tampoco debían los jóvenes buscar entendimiento en sus amigos. Los niños hebreos debían honrar a sus padres y ancianos por una muy buena razón: su esperanza de futuro descansaba en manos adultas. Para bien o para mal, cual los padres, así iba la nación. Los padres debían conducir a la nueva generación hacia la sabiduría y la bendición. En esto consistía la verdadera esperanza en el futuro: los corazones de los padres debían volverse hacia sus hijos y los corazones de los hijos debían responder a sus padres (véase Malaquías 4:5).

Israel era una sociedad decididamente volcada hacia los mayores. Los hebreos no exaltaron a la juventud ni a los niños. Por el contrario, veneraban la edad. Era una actitud que destacaba en vivo contraste con la antigua Atenas, que trataba a los ancianos sin consideración, hasta el punto de que muchos relatan que los atenienses temían y lamentaban la ancianidad.

Un cuarto factor que contribuyó a fortalecer la familia hebrea fue la idea de que la familia individual formaba parte de algo mucho mayor: una comunidad con historia común, destino común, valores compartidos y conjuntamente aplicados. Los niños hebreos, como también sus padres, recordaban constantemente su relación con otras familias hebreas mediante la observancia de festivales, festividades y fechas conmemorativas. Su identidad corporativa como nación sometida a Dios no debía de perderse ni olvidarse. Las lecturas públicas de las Escrituras formaban parte de sus asambleas, en las que recordaban su historia y el lugar que Dios ocupaba en sus vidas. En las mentes y corazones de los jóvenes se debía inculcar regularmente la conciencia de su identidad como pueblo y su origen. Se conmemoraban eventos históricos en los que Dios les mostraba su fidelidad para que cuando sus hijos y nietos preguntaran «¿de qué trata todo esto?», los padres tuvieran una nueva oportunidad de recordárselo y de instruirles.

La fuerza de la unidad de Israel no dependía de medios políticos o culturales, como ocurría en Atenas. Y a diferencia de Esparta —aunque hubo ocasiones en las que se reunieron con fines militares— no era el ejército lo que proveía el vínculo principal. La verdadera fuerza de Israel estribaba en algo más allá de la célula familiar, el vecindario, la ciudad, la tribu, e incluso la propia nación. El centro de todo, ya fuera familia, ciudad o estado radicaba en el clamor familiarmente repetido, conocido como *Shema* (literalmente, «¡Oye!»): «Escucha, Israel: El Señor es el único Señor. Ama al Señor tu Dios con todo tu corazón y con toda tu alma y con todas tus fuerzas» (Deuteronomio 6:4-5, NVI).

El enfoque supremo no era el rey, ni los ancianos en la puerta, ni el padre en el hogar, ni el profeta ni el sacerdote, ni el atletismo, las artes, la juventud, la educación o la filosofía, sino Alguien por encima de todo ello: el único Dios personal e infinito que se les había revelado en palabras que ellos podían entender, y a quien todos por igual tenían que rendir cuentas, jóvenes y mayores, padres e hijos, hombre común y monarca, y a quien debían dedicar su amor y su servicio. Sitúese a una familia en esta clase de ambiente y los resultados hablarán por sí solos.

EL DEBER DEL PADRE HEBREO

Mientras lee el siguiente relato verídico de la concepción de un director de colegio estadounidense de la vida de sus alumnos, intente contemplar la escena bajo la mentalidad hebraica y pregúntese: «¿qué falla en esta imagen?».

> El director del colegio explicó por qué es sumamente importante la libertad de elección. Sugirió que la adolescencia es un tiempo de desorganización normal; por tanto es psicológicamente contraproducente imponer restricciones a los adolescentes. «La libertad es una experiencia principal de aprendizaje. No creemos que haya que reprimir a los chicos. Queremos ofrecerles opciones, apoyarles y permitir que cometan errores».
> Él pensaba que la gente aprende mejor cuando afronta problemas que cuando todo le va viento en popa. Que las dificultades ayudan a fijar la atención en problemas de moralidad y de justicia. Es saludable para los adolescentes quedar expuestos a las cosas ciertamente malsanas que a veces ocurren en los colegios, como el vandalismo o las peleas con bolas de nieve. «El colegio representa estas paradojas en vez de intentar evitarlas», dijo el director. Mientras exaltaba la libertad, el Dr. Nelson fue informado de que la taquilla de su hijo había sido desvalijada.[19]

La aversión del Dr. Nelson a frenar a los adolescentes es totalmente comprensible. Cuando un joven o una joven llegan a la secundaria, deberían tener poca necesidad de restricciones. Para ese tiempo, las disciplinas deberían ser internamente autoimpuestas, no externamente impuestas por otros. Pero he aquí el problema: los colegios estadounidenses están compuestos de numerosos alumnos cuyos padres han recurrido desde el principio al enfoque no restrictivo del Dr. Nelson en el hogar, y consecuentemente, Johnny nunca aprendió una de las destrezas más importantes de la vida: el autocontrol.

Un hombre o una mujer, niño o niña, con autocontrol operativo en su vida es una persona a la se puede confiar libertad. Cuanto más control interno tenga una persona, menos necesidad tendrá de control externo. Las Escrituras nos advierten que la persona capaz de controlar su propio yo es más fuerte que el hombre que conquista toda una ciudad (Proverbios 16:32). Pero ¡cuánto escasean éstas hoy!

¿De dónde viene el autocontrol o dominio propio? ¿Nacen algunas personas con inclinación a disciplinarse internamente mientras que otras no? ¿O es algo que cualquiera puede adquirir y desarrollar? En este capítulo intentaremos clarificar que el autocontrol es un rasgo adquirido, que no surge «naturalmente» en las personas, pero puede cultivarse en los niños. También clarificaremos que la disciplina externa de los padres en las vidas de los niños pequeños tiene como propósito producir disciplina interna en los adolescentes y vida posterior de los adultos.

Vivimos actualmente tiempos en los que muchos padres interpretan que la más mínima forma de restricción, limitación, o control externo, es imposición que coarta el desarrollo de sus hijos, y por tanto, psicológicamente contraproducente. Los padres temen deformar a sus hijos. Tales padres pueden alegar, como el Dr. Nelson, que «la edad de los muy pequeños son un tiempo de desorganización normal; por tanto, es psicológicamente contraproducente imponerles restricciones a los niños pequeños... No creo que haya que limitarles». Los mismos padres podrán decir un poco más adelante: «La infancia es un tiempo de desorganización normal; por tanto, es psicológicamente contraproducente imponer restricciones a los niños. No creo en limitar a los niños».

Pero ¿por qué muchos padres han llegado a aceptar hoy el supuesto de que es psicológicamente contraproducente imponer restricciones a los niños? Se debe, en parte, a la creencia infundada en la pureza noble, la bondad intrínseca y la inocencia de los niños. También procede de la idea de que si se deja madurar «naturalmente» a los niños, con la mínima imposición, darán lo mejor de sí. Parece que forma parte del movimiento moderno de «vuelta a la naturaleza». Alimentos naturales, niños naturales.

Los padres que se basan en este supuesto, permitirán que sus hijos se comporten «naturalmente», dando «rienda suelta» a sus emociones y pensamientos, con interferencia parental mínima. La disciplina, más allá del mínimo necesario para la salud y la seguridad, es considerada perjudicial y asfixiante para el florecimiento del verdadero yo del niño.

Tales padres se guían por la norma de la no dirección, entendiendo a menudo la libertad del niño en términos de dejarle hacer lo que quiera, o «hacerse a sí mismo». Vivimos unos tiempos en los que la autoexpresión se valora más que el dominio propio. Comportamientos que a otros parecen groseros son excusados por los padres con un encogimiento de hombros, con la excusa de «es que él es así», o «está pasando por una fase lo más normal de rebelión, ¿qué se puede esperar?».

Esta concepción de la niñez no tiene ningún respaldo en las Escrituras. Desde luego, los niños son especiales, de origen divino, creados a imagen y semejanza de Dios, tienen valor intrínseco, son dignos de supremo respeto y deben ser tratados con la mayor dignidad. Pero, al mismo tiempo, aun en los niños más angélicos hay una naturaleza caída intrínseca común a toda la humanidad. Esto es lo que les hace ser tan desconsiderados y crueles a veces con otras personas, desafiar adrede a los padres, o comportarse de forma detestable en el supermercado. Esto explica por qué aunque no se les haya enseñado a mentir, algunos lo hacen bastante bien. Los maestros no les enseñan a engañar, pero algunos son expertos en el tema (Pregunte al Dr. Nelson. Él lo sabe).

Por muy impopular que sea recordar que los niños son naturalmente imperfectos, es un hecho consecuente con la idea bíblica del hombre caído. Aunque no sea como Dios le creó al principio, no obstante, es como es. El hecho es que los niños son básicamente insensatos, intrínsecamente egoístas y necesitan cambiar su conducta natural, normal, irrefrenable. De modo que, padres, presten atención.

Aceptar el supuesto de que los niños necesitan experimentar un cambio básico de su estado natural, normal, es fundamental para la mentalidad hebrea de la paternidad. A través de esta ventana, los niños se contemplan como naturalmente necios, no esencialmente sabios. La sabiduría no llega de forma natural a un niño. Debe adquirirla fuera de su individualidad, mientras que la necedad ha de ser sacada de dentro, y en este proceso de intercambio los padres juegan un papel central. Los padres proporcionan la disciplina externa necesaria para inculcar disciplina interna en sus hijos. La paternidad responsable llama a los hijos a someterse a una norma a la que no llegarían por sí mismos.

Los padres hebreos no habrían estado satisfechos con la idea moderna de que los niños tienen que ser «ellos mismos». «El muchacho consentido [literalmente, "dejado a su capricho"]», dice Proverbios 29:15, «avergonzará a su madre». No correspondía a los niños escoger su propio sistema de valores, o determinar sus verdades morales mirando dentro de sí mismos. Era, más bien, deber de los padres aclarar a sus hijos lo que Dios ya les había clarificado a ellos.

Por mucho que esto vaya en contra de la ética posmoderna de la libre elección, según la cual «cada hombre hace lo que le parece bien en su propia opinión», es claramente el modelo bíblico. Y hay grandes recompensas para los padres que oyen la instrucción de Dios e inician el proceso muy temprano en las vidas de sus hijos.

Un exitoso profesor universitario decidió abandonar su cátedra para enseñar a niños de primaria. Sus colegas no podían entender por qué sacrificaba su prestigiosa posición por esta labor. Les parecía un descenso de categoría demasiado brusco. Pero su respuesta fue bien elocuente: «¿qué es mejor, escribir el nombre en un ladrillo antes o después de cocerlo?».

Cuando se trata de moldear y conformar, es mucho mejor que la arcilla esté blanda. Y cuando se trata de cumplir la obligación parental de moldear y conformar la noción de la ética y la disciplina interna en el niño, es esencial trabajar con la arcilla mientras aún está blanda.

Hay una buena razón por la que los seres humanos tardan tanto en madurar. En el mundo animal, un potro se levanta y camina a las pocas horas. Pero en nuestra cultura, la mayoría de los hijos no abandonan el hogar hasta los dieciocho años (o más). Un hombre o mujer de setenta y dos años ha pasado la cuarta parte de su vida en fase de «crecimiento». En proporción, es demasiado tiempo.

Pero ese periodo tiene un propósito especial para los seres humanos que no es necesario para los animales. Es un tiempo de desarrollo de la relación padre-hijo, durante el cual se ha de cumplir la obligación parental de instruir y equipar a los niños. Es un tiempo para moldear y conformar las actitudes y el carácter. Para cultivar el discernimiento ético y moral en los corazones de la siguiente generación. Para que la juventud aprenda la disciplina interna del dominio propio.

Los padres que esperan hasta que sus hijos son adolescentes para cultivar la relación necesaria para moldear y conformar dicha arcilla, habrán perdido los primeros doce años que Dios destinó para ese propósito. Esto es realmente desafortunado, porque siempre es más difícil trabajar con ladrillos endurecidos en parte. La rebelión de los adolescentes no es fácil de manejar. Pero puede (y debe) ser adecuada y efectivamente confrontada a los dos y tres años.

Los padres que hacen esto son proactivos. Ser proactivo significa actuar por anticipado. Es el tipo de actuación que procura minimizar o eliminar problemas reactivos y estrés más adelante. Los padres proactivos preparan a sus hijos con antelación. El proceso comienza cuando los niños son muy pequeños, para que al llegar la adolescencia no tenga que entrar en acción la paternidad reactiva.

La diferencia entre proactivo y reactivo se puede ilustrar con un ejemplo tomado de la educación. Imagínese que usted es profesor de una clase de 25 niños de tercer grado en un colegio que hace ensayos de evacuación de manera regular para anticiparse a un eventual incendio. Sabiendo que el ensayo va a tener lugar a ciencia cierta, toma medidas proactivas para cerciorarse de que sus alumnos evacúan el edificio de manera segura y ordenada. No sólo advierte a la clase lo que tiene que hacer en un ensayo de prevención de incendio, sino que les instruye con medidas concretas para preparar el evento que se aproxima. Antes que llegue el día que suene la alarma, usted y su clase han repasado los requisitos que hay que observar para proceder a un desalojo seguro. Johnny ha practicado cerrando las ventanas, Joan apagando las luces, y usted ha sido el último en abandonar la clase y cerrar la puerta tras sí. Los alumnos saben que deben salir en fila ordenada hasta un lugar designado fuera del edificio.

Esto se hace para que cuando suene la alarma, todo vaya bien, para que no cunda el pánico ni la confusión y, cual prodigio, no se produzca la «típica desorganización». Pero puede estar seguro de que si usted no hubiera hecho su parte proactiva para instruir a la clase, el resultado natural habría sido la típica desorganización y el estrés reactivo le habría sobrecogido cuando sonara la alarma.

Rabbi Donin, en *To Raise a Jewish Child (Para educar a un niño judío)*, comenta el papel de los padres como maestros en la tradición hebrea:

> En hebreo, las palabras *horim* (padres) y *morim* (maestros) son muy similares. Suenan igual. Significan lo mismo. Ambas significan instruir, enseñar. Los padres y los maestros se mencionan juntamente en el mismo pasaje de la profesión de fe recitada en Yom Kippur *(Al Het)*: «Porque el pecado que hemos cometido delante de Ti rebaja a padres y maestros». Se mencionan juntamente no para ahorrar espacio, sino porque la herencia judía ha asociado tradicionalmente sus funciones. La función del padre como maestro de sus hijos es continuamente enfatizada en las fuentes judías.[20]

Note que la palabra hebrea que designa a los padres significa *instruir, enseñar*. Las destrezas de los progenitores son, por tanto, pericias educativas, y ser padre es ser maestro.

No sólo las fuentes judías extra-bíblicas enfatizan la función educativa de los padres, sino que además la propia Biblia es clara y directa respecto a esta cuestión. Los padres debían enseñar las palabras del Señor diligentemente a sus hijos mientras estaban en casa, iban por el camino, se acostaban y se levantaban (Deuteronomio 6:4-9). Todo esto abarcaba el día entero. Y también se les ordenó dar a conocer a sus hijos y nietos las maravillas del Señor (Deut. 4:9-10). Esto cubría toda una vida.

Por lo que se refiere a impartir verdad a los corazones y mentes de los niños, el hogar es la escuela principal. Sólo los padres tienen la oportunidad de hacer lo que prescribe Deuteronomio capítulo 6. Y toda la familia se beneficia.

Los padres son maestros con independencia de que guíen o no a sus hijos en el estudio bíblico formal. La instrucción no se puede evitar. Los niños observan, escuchan y aprenden cada día de papá y mamá, y aprenderán, no importa qué, de una u otra manera. Así es la naturaleza de la relación padre-hijo. Si los padres no enseñan a sus hijos a reconocer a Dios, les enseñarán, por defecto, a ignorarle. La instrucción forzosamente tendrá lugar. La cuestión en juego es qué clase de instrucción será.

RESUMEN DEL CAPÍTULO CUATRO: PERSONAS, LUGARES Y CONCEPTOS CLAVE

Adolf Hitler (1889-1945)
Alemania nazi
Niño Doe
Oliver deVinck
La base bíblica de la dignidad humana frente a la base secular
Dignidad innata, dignidad intrínseca
Eutanasia
CV = DN x (H + S)
El fundamento bíblico de la personalidad
La personalidad frente a la madurez
Portadores de la imagen de Adán
Padres proactivos frente a padres reactivos
Informar en vez de instruir
Deuteronomio 6:1-7

Para la profundización y el debate

1. Resuma las similitudes entre Esparta y la Alemania nazi, y entre Atenas y el Occidente actual.
2. Identifique los supuestos básicos que sustentan la idea de que el aborto es un «derecho» de la mujer.
3. Critique los supuestos subyacentes que condujeron a Peter Singer a concluir que ser miembro de la especie Homo sapiens no es moralmente relevante. ¿Cómo podría el Sr. Singer definir la palabra «moral»?
4. Explique la frase: «*Según la concepción evolutiva de la vida ni los padres ni los niños pueden ser en absoluto personales*».
5. Si las personas rechazan una estirpe personal que proviene de Adán, y de Dios, ¿sobre qué fundamento determinarán la singularidad del hombre o la personalidad de la gente?
6. Considere a qué situación actual ha conducido el pensamiento evolutivo.
7. En el caso de Oliver deVinck, ¿por qué cree usted que la primera novia mencionada por Christopher deVinck no quiso ver a Oliver?
8. ¿Puede dar usted un ejemplo de una persona discapacitada que haya motivado a otras a la acción? ¿Conoce a alguien que haya sido movido a actuar positivamente por una persona discapacitada? Si es así, ¿ha influido en usted su ejemplo?
9. ¿Qué evidencia específica puede usted aportar para demostrar que la paternidad centrada en el niño y la sociedad centrada en la juventud son ideas comúnmente aceptadas en nuestra cultura actual?
10. Escoja artículos actuales de periódicos o revistas relacionados con la educación de los niños y/o la disciplina, y analícelos a la luz del modelo hebreo de educación de los niños.
11. Mencione todos los supuestos específicos que pueda para ilustrar las profundas diferencias entre las ideas hebreas antiguas y la moderna concepción occidental de los niños y la paternidad.

Por ejemplo: un antiguo supuesto hebreo es que la rebelión de la juventud es anormal y no debe ser aceptada. Un moderno supuesto occidental es que la rebelión de la juventud es normal, y que cabe esperarla y aceptarla.

CAPÍTULO CINCO

¿POR QUÉ LOS HEBREOS FUERON FILÓSOFOS DE SEGUNDO ORDEN?

Volvamos ahora nuestra atención a la enorme influencia que ha ejercido la filosofía griega en Occidente y cómo ha seguido configurando nuestros supuestos hasta el tiempo presente. Comenzaremos con un juego sencillo de asociación de palabras. Más abajo figuran los nombres de seis griegos y seis hebreos famosos. Junto a cada nombre, escriba la primera palabra que le venga a la memoria en relación con quienes fueron o lo que hicieron. Puede usar la misma palabra más de una vez:

Sócrates ________________
Platón ________________
Aristóteles ________________
Abraham ________________
Moisés ________________
Pablo ________________

De todas las palabras asociadas con Sócrates, Platón o Aristóteles, puede estar seguro de que la palabra filósofo figura en la parte superior de la lista, junto a la palabra «griego». No obstante, cuando son palabras asociadas con Abraham, Moisés o Pablo, puede estar seguro de que la palabra filósofo no figura junto a ellas. ¿Por qué? ¿Por qué los hebreos no fueron grandes filósofos? Ahora bien, ¿qué nos dice esto acerca de la diferencia entre el pensamiento griego y hebreo? Para justificar la respuesta, retrocedamos a los días de Homero.

Homero fue un gran poeta griego que vivió seguramente en torno al año 800 antes de Cristo. Poco se conoce de él, pero los griegos le concedieron el honor de ser el primer literato europeo. Escribió poemas épicos que usted puede consultar hoy en la biblioteca pública con los títulos de la *Ilíada* y la *Odisea*. Homero dio importancia en sus relatos a los dioses del Olimpo e ignoró los dioses primitivos de la Grecia primigenia. Posteriormente, los griegos estudiaron los textos de Homero y los transmitieron. Aunque los relatos (*mitoi*) de los dioses se transmitieron por tradición oral mucho antes de que él existiera, se cree que fue Homero el primero que les dio forma escrita. En realidad, los poetas crearon nuevos mitos mucho después que Homero desapareciera.

Hasta las últimas fases de la decadencia griega, cuando muchos rechazaron la religión tradicional helena en favor de los cultos orientales, la gente común aceptaba por lo general que los dioses y las diosas realmente existían. Y además, era políticamente incorrecto ofenderlos.

Los ritos familiares y públicos estaban concebidos para honrar a los dioses, en reconocimiento de su poder de influencia en sucesos y circunstancias para bien o para mal. Estos ritos eran transmitidos a través de la familia tradicional y ceremonias civiles y consistían principalmente en cánticos, oraciones y ofrendas de alimentos. La costumbre dio pie a tales ritos, tan variados como la diversidad de los mismos dioses.

Pero unos 200 años después de Homero, en torno al 600 a.C., la existencia misma de los dioses fue desafiada por las ideas de Tales de Mileto. Fue Tales, si lo recuerda, quien abogó por lo que algunos historiadores han denominado «Ciencia Jónica de la Naturaleza», una nueva manera de pensar revolucionaria acerca de la realidad, según la cual los dioses no desempeñaban papel alguno y la Naturaleza daba cuenta de todo. Los dioses, diosas, o espíritus de cualquier clase, no sólo eran innecesarios, sino inexistentes. Por primera vez en la historia, lo sobrenatural fue desestimado del debate, y nació el pensamiento secular.

Quizás fuera inevitable que ello sucediese. Aunque se creía que tenían poderes sobrenaturales, los dioses de la mitología griega sufrían limitaciones humanas. A decir verdad, fue esta semejanza humana lo que condujo a los filósofos griegos a abandonar la creencia. Uno de ellos, Jenófanes, hizo esta osada declaración: «Si los caballos o los bueyes tuvieran manos y pudieran pintar o hacer estatuas, los caballos representarían a los dioses como caballos y los bueyes como bueyes». Es decir, los dioses no eran nada más que producto de la imaginación humana, creados a imagen y semejanza del hombre; demasiado humanos para ser divinos, demasiado increíbles para ser reales.

Fueron los filósofos jónicos de la naturaleza, quienes abrieron la puerta al antiguo movimiento de «los dioses están muertos», los que introdujeron toda una nueva era de especulación griega acerca de la naturaleza de la realidad. La novedad de Tales en el pensamiento abrió la puerta a un mundo tan amplio de especulación que a él se suele atribuir la paternidad de la filosofía occidental.

Con el rechazo de los dioses llegó la necesidad de nuevas explicaciones que dieran cuenta de los misterios de la vida y proporcionaran alguna especie de marco para la ética. Era necesaria una nueva fe para sustituir las viejas creencias. Si los dioses no eran reales, ¿qué era real? Una búsqueda de mejores respuestas de las que la mitología podía proporcionar alimentó la fuerza motriz que impulsaba la filosofía griega: la investigación de lo verdaderamente real.

Con la teoría jónica del naturalismo y el colapso resultante de la religión tradicional griega, hubo poca limitación a la marea alta de ideas especulativas. Grecia, como usted recordará, no contaba con textos sagrados ni códigos divinos para regular su pensamiento. La búsqueda para descubrir lo «verdaderamente real» abarcó el mundo físico y el metafísico, la ética y la moral, los orígenes y la política. Se entablaron debates en torno a qué era y qué no era realmente «bueno», qué era lo «mejor para la sociedad», y así sucesivamente. Con la razón humana como punto de partida y luz guía, parecía que las expresiones especulativas de la filosofía griega eran ilimitadas.

Puede que ya le resulte claro por qué los hebreos no fueron grandes filósofos. La filosofía griega implicaba *la búsqueda de sabiduría a la luz de la razón humana,* lo que era bastante diferente a *la búsqueda de sabiduría a la luz de la revelación divina*. Los hebreos miraban preceptos ya provistos, mientras que los griegos trataban de proporcionar sus propios preceptos.[21]

Los hebreos no experimentaron una crisis cultural de la teología, como les ocurrió a los griegos. Los dirigentes hebreos nunca sugirieron que su Dios fuera una imaginativa invención de poetas, que fuera creado a imagen del hombre. Siguió siendo un Dios vivo, personal, comunicativo, que demostraba su presencia y su poder una y otra vez en las vidas de personas reales a través de la historia. Sus hechos eran presenciados por miles, por millones de testigos, como en el caso de la liberación de Egipto. Los hebreos no dedicaron tiempo a cuestionarse su existencia. Sus preguntas tenían que ver con lo que Él demandaba de su vida. La diferencia entre la filosofía griega y la religión hebrea se puede percibir en estos comentarios de Abram Sachar, en *Historia de los judíos*: «Buscar a Dios era la máxima sabiduría [para el hebreo], obedecer sus preceptos, la virtud suprema. El griego no aceptó la revelación como definitiva... No se inclinaba a otra ley que no fuera la auto-expresión... Mientras que el hebreo preguntaba: "¿qué debo hacer?", el griego preguntaba "¿por qué debo de hacerlo?"».[22] Abraham Heschel lo expresó del siguiente modo: «Los griegos aprendían para poder comprender. Los hebreos aprendían para poder reverenciar».[23]

En cuanto a la especulación sobre lo que era «verdaderamente real», la pregunta misma habría de parecer absurda al antiguo creyente judío. Al fin y al cabo, Dios había realmente llamado a Abraham a ser padre de una gran nación (de la que todo judío formaba parte viva), liberado al pueblo de Egipto, hablado en el Sinaí y demostrado que era fiel y digno de confianza. De manera que ¿de qué cabía especular?

¿Por qué la filosofía no prosperó en Israel? Porque las «mejores respuestas que la mitología podía proporcionar», las que los filósofos griegos buscaban, las que creían los hebreos, ya habían sido reveladas.

LA SOMBRA DE PLATÓN

¿Diría alguien en su sano juicio: «¿Qué importa lo que Thomas Edison pensara?». Pero cualquiera que sepa cómo pensaba Thomas Edison no cuestionaría el hecho de que sus pensamientos provocaron una enorme diferencia en el estilo de vida actual. Edison creyó que era posible aprovechar la electricidad para producir la luz, e inventó la bombilla eléctrica; pensó que era posible que una máquina hablara, y creó el fonógrafo; que sería interesante ver imágenes móviles, por lo que desarrolló películas animadas.

Todas estas ideas y muchas más transformaron el siglo XX. Revolucionaron la manera de hacer empresa y la forma de divertirnos. Y seguirán influyendo en la vida de nuestros hijos, y en las de sus descendientes. ¡Las ideas marcan la diferencia! Y las ideas importantes proyectan sombras mucho más alargadas que la de los primeros hombres o mujeres que las concibieron. Tal es el caso de Edison y tal es el caso de Platón.

La sombra de Platón se alarga hoy desde hace 2.300 años y no se ha difuminado. Posiblemente sus pensamientos hayan influido más en la forma de pensar y actuar occidental que los de cualquier otro mortal en la historia. No obstante, a diferencia de Edison, no es posible sujetar uno de sus inventos con la mano y decir: «Platón imaginó esto». Pero es posible demarcar ideas que han inducido a la gente a tomar decisiones que no habrían tomado si Platón no hubiese perpetuado ciertos conceptos en su pensamiento. Ideas que germinaron a los pies de su maestro Sócrates, y que después de la muerte de Platón se mezclaron (primero con el judaísmo y después con el cristianismo) para formar un brebaje muy tóxico. Su filosofía debe ser entendida porque ha ejercido un efecto perdurable en Occidente.

¿Cuáles fueron los supuestos filosóficos de Platón y cómo llegó a ellos? Retrocedamos a tiempos anteriores a Platón un momento para tener una idea de cómo evolucionó la filosofía griega antes de presentarse en escena. Recuerde que Tales y sus seguidores habían desechado los dioses de Homero unos 600 años a.C., y las ideas de Platón no se conocieron hasta unos 200 años después. Cuando éste dio a conocer su pensamiento ya se había desarrollado bastante especulación filosófica acerca de lo que era «verdaderamente real», tanto en el ámbito físico de la naturaleza, como en el de la ética y la moral. Con la razón como punto de arranque y faro indicador, la filosofía griega floreció. No obstante, la especulación sin restricciones, finalmente flaqueó cuando las muchas opiniones encontradas comenzaron a experimentar un efecto degenerativo. No se pudo llegar a un acuerdo respecto a muchas cuestiones básicas, entre ellas la confiabilidad de los sentidos y la fiabilidad de la razón humana. Al final, a mediados del siglo V a.C., se entró en un periodo de duda y escepticismo generalizados. En aquel clima surgió la escuela de pensadores sofistas, liderados por Protágoras.

A Protágoras es atribuida la famosa frase: «El hombre es la medida de todas las cosas». Él y otros sofistas sostuvieron que la búsqueda de verdades universales era un vano intento de ir en pos de lo que nunca se podría descubrir. En consecuencia, desviaron su atención a instruir a los jóvenes para que alcanzaran éxito profesional, y recalcaron la importancia de la realización personal, tal como se experimentaba en la Atenas de aquel tiempo. Adquirieron reputación de mentalidad materialista entre los primeros griegos que enseñaron a cambio de remuneración.

Sócrates entró en escena en este periodo. Él no quería tener nada que ver con los sofistas. Se centró en conceptos no materialistas, como la «bondad», la «justicia», la «virtud» y la «mejor manera de vivir». No obstante, fiel a la mentalidad griega, no se volvió a la revelación objetiva para obtener respuestas, sino que se apoyó en la razón subjetiva. Su famoso método dialéctico de enseñanza consistía en plantear preguntas inquisitivas a sus discípulos para provocarles a formar sus propias ideas sobre el significado de cosas como la bondad y la justicia, y conformar sus ideas sobre el bien y el mal, para así justificar su conducta según sus propias opiniones. Este método de clarificación de valores personales aún es usado hoy en muchos centros educativos estadounidenses.

Platón, el discípulo más famoso de Sócrates, reaccionó también al materialismo de los sofistas. Él también escogió no fijar su atención en las cosas materiales, sino buscar valor y sentido perdurable en el mundo inmaterial de las ideas. Las ideas de Sócrates y de Platón giran en torno al reconocimiento de universales inmutables (p. ej., conceptos que son verdaderos para todos), que darían sentido duradero a todas las variables particulares del mundo material que cambian con el paso del tiempo. Después de todo, ¿Qué valor duradero puede haber en acumular mucho dinero sólo para adquirir una casa grande y exquisito atuendo que al final se deterioran y desgastan? La filosofía platónica del idealismo metafísico acentuó el valor de lo eterno, lo perfecto, los ideales indestructibles, en contraste con lo temporal, lo imperfecto y las cosas perecederas del mundo físico.

Más que esto, Platón procuró realmente dar con una forma de escape de la áspera realidad del presente mundo físico a través de la meditación, tipo éxtasis, en el mundo metafísico de las ideas. En esencia, Platón dividió la realidad en dos esferas distintas: plano superior de lo eterno, de ideas inmateriales, y plano inferior de lo temporal, de la materia física. Al aspecto más elevado de la realidad lo denominó «forma», y al nivel inferior «materia». Las palabras materia y forma son claves en el pensamiento griego, por lo que deben ser claramente entendidas.

Para entender estos conceptos, dibuje un círculo en una hoja de papel en blanco. El ideal universal del concepto de «círculo» adquiere una expresión particular cuando se dibuja en una hoja de papel. Pero el dibujo de un círculo es sólo una representación temporal e imperfecta (posiblemente muy imperfecta) del perfecto ideal de «circularidad» que existía antes de dibujar el círculo y existirá mucho después de que su dibujo haya desaparecido, como muchos otros. Su representación del círculo es concreta, expresión física de un ideal abstracto, no físico, y, según la filosofía de Platón, el ideal universal («forma») tiene una importancia eterna y duradera, no como la representación física particular de ese ideal («materia») sobre el papel.

Del mismo modo, otras «formas» serían ideales, como la «belleza», la «justicia», la verdad» y la «bondad», eternas e inmutables, que sólo pueden ser verdaderamente apreciadas a través de la contemplación y la meditación. Por ejemplo, se puede mirar una rosa y considerar que la flor es un reflejo temporal e imperfecto de una forma más elevada de belleza que no se marchita con el calor ni se vuelve marrón con el tiempo. La verdadera belleza, para Platón, es un concepto metafísico, eternamente inmutable y absoluto, impasible al deterioro. Platón creía que el mundo temporal de la materia era inferior al mundo «real» de las formas eternas, ya que el mundo material sólo consistía de sombras temporales e imperfectas del mundo verdadero e inmutable que reflejan. Por tanto, estableció un dualismo entre dos esferas —la esfera temporal de la materia física y la esfera eterna de las ideas metafísicas, siendo la inmaterial superior a la material.

Las consecuencias del pensamiento de Platón son la devaluación del mundo físico y la exaltación del mundo invisible de las ideas y las «formas» eternas. Rebajó el cuerpo y exaltó el alma, llamando al cuerpo «cárcel del alma». Él y otros como él, honraron a los artistas y filósofos y menospreciaron el trabajo manual y a los que lo llevaban a cabo. Esto, como buena parte del pensamiento griego, se oponía diametralmente a la concepción hebrea antigua.

EL PROBLEMA DEL DUALISMO DE PLATÓN

Dennis Peacocke dijo acertadamente: «Las mentiras más eficaces son las que más se acercan a la verdad». Esto no es mentira.

Para poder entender los efectos negativos de largo alcance del dualismo occidental debemos antes reconocer las partes verdaderas de la mentira. En efecto, hay puntos de acuerdo entre la filosofía de Platón y el texto bíblico. En primer lugar, tanto la filosofía de Platón como la Biblia distinguen lo temporal de lo eterno. Las cosas eternas no sufren el efecto del tiempo. Las cosas temporales son temporales. No duran para siempre. Ya se trate de un Ford, Chevrolet o Rolls Royce, todos acaban en el desguace. (No van a un limbo para automóviles). Aunque los lirios del campo despliegan más hermosura que la de Salomón en todo su esplendor, se marchitan y se extinguen, pero la Palabra de Dios permanece para siempre. La una sólo dura una temporada; la otra, por la eternidad.

En segundo lugar, tanto Platón como los profetas entendieron que uno no se puede llevar la vida consigo y es insensatez intentar vivir como si pudiera. La obsesión con el mundo de las cosas materiales, acumulando tesoros en la tierra, «donde la polilla y el orín corrompen», es vanidad miope.

En tercer lugar, tanto Platón como la Biblia hablan de dos aspectos diferenciados de la realidad: el físico y el inmaterial, el material y el espiritual. Las cosas espirituales no se ven afectadas por el tiempo ni por el espacio.

Pero aunque haya distinción entre lo temporal y lo eterno, así como entre lo físico y lo espiritual, la Biblia no enseña que el mundo físico temporal sea inferior o tenga menos valor intrínseco. Al contrario, Dios declaró que la creación física era intrínsecamente muy buena. Aun en su estado caído, la creación está llena de la gloria de Dios del mar al cielo, y Él tiene un propósito para ella, aunque sea temporal.

Además, aunque la Biblia distingue entre el mundo físico y el espiritual, no enseña que el mundo físico sea menos real, o menos importante que el mundo espiritual. Al contrario, tanto el visible como el invisible, el físico como el espiritual, son de Dios, hacedor y sostenedor de ambos.

Como dijimos anteriormente, el relato de Génesis da cuenta de un universo creado por medio del mandato inteligente del Dios personal e infinito que declaró su existencia. Toda la creación —todo lo que existe— llegó a existir por medio de la palabra hablada de Dios: «Y dijo Dios, sea... y fue...». El que la creación fuera hecha gracias a la palabra hablada de Dios es un factor importante para entender la concepción bíblica de la realidad. El vocablo hebreo para designar «palabra» (*dabhar*) significa más que sonidos articulados con los labios y el aliento. *Dabhar* es palabra activa, dinámica, moviente y poderosa. Incorpora la noción de acción además de habla. Así pues, cuando Dios creó a través de su palabra, no declaró ideas acerca de la creación, sino que realmente constituyó la creación a través de su palabra-obra. Lo que Dios declaró que existiera en el primer instante de la creación siguió existiendo después por la autoridad de esa misma palabra-obra. El *dabhar* de Dios que hizo existir la vegetación en el tercer día de la creación siguió sujetándola y sosteniéndola en el cuarto. Y el quinto. Y en todo instante a partir de entonces, e incluso ahora mismo.

Su «palabra-obra» es tan activa hoy como la primera vez que fue declarada al espacio vacío. Su palabra sigue creando, sosteniendo, sujetando las cosas. Como dijimos anteriormente, no se debe considerar la creación como un mero hecho puntual en el pasado, sino como una obra continua en el presente. No es como si Dios mandara existir toda la creación en algún momento pasado y ahora ésta se bastara por sí misma para funcionar «naturalmente». El acto inicial de creación de Dios fue una obra aterradora e imponente. Pero su obra presente, que sostiene todo, es igualmente pavorosa. El presente es tan magnificente como el principio, la existencia continua del universo es tan notable como su aparición.

La palabra-obra continua de Dios aún se oye hoy. Como dice el salmista: «Los cielos cuentan la gloria de Dios, y el firmamento anuncia la obra de sus manos. Un día emite palabra a otro día, y una noche a otra noche declara sabiduría... Por toda la tierra salió su voz, y hasta el extremo del mundo sus palabras» (Salmo 19:1-4). Ningún hombre puede alegar ignorancia, «Porque las cosas invisibles de él, su eterno poder y deidad, se hacen claramente visibles desde la creación del mundo, siendo entendidas por medio de las cosas hechas, de modo que no tienen excusa» (Romanos 1:20).

A la luz de todo esto, cualquier clase de distinción entre los aspectos «natural» y «sobrenatural» de la realidad debe ser cuidadosamente reexaminada. En términos de cómo piensa hoy la mayoría de la gente acerca de lo natural y lo sobrenatural, lo natural ha venido a significar «la operación normal de un sistema autogobernado», mientras que lo sobrenatural atañe a «la interferencia de Dios en ese sistema». Pero este concepto no es bíblico. Según la noción bíblica de la realidad, el concepto de naturaleza como sistema auto-creado, auto-sustentado, debe ser abandonado. Cuando la gente que tiene una concepción bíblica de la realidad considera la vida a su alrededor, no puede legítimamente dividirla en dos clases de realidad, una «natural» y otra «sobrenatural», como si el poder de Dios fuera operativo en un solo ámbito, y en el otro las cosas funcionaran «naturalmente» por sí mismas.

Si Dios declaró que existiera la vegetación en el tercer día de la creación, y por la misma palabra-obra sigue hoy existiendo, ¿cómo entonces se ha de considerar la vegetación actual «natural»? Lo que no fue «natural» en el principio no puede ser «natural» hoy. En una paráfrasis de la Biblia ampliada en versión inglesa, Colosenses 1:16-17 diría así: «Porque en Él fueron creadas todas las cosas, en el cielo y en la tierra, las cosas visibles y las invisibles, sean tronos, dominios, potestades o autoridades; todo fue creado y existe por Él, en Él y para Él. Y Él mismo existía antes de todas las cosas y en Él todo subsiste —se mantiene unido y cohesionado». ¿Qué hay de «natural» en esto? En términos del poder de Dios activo, sostenedor, no puede haber distinción entre los llamados aspectos «natural» y «sobrenatural» de la realidad. Como dijimos antes, ya sea en el acto de sacar pan cocido en la panadería más cercana o resucitar a Lázaro de los muertos, Dios está activo y operativo en ambos casos. Aunque un hecho tiene lugar de una manera ordinaria o acostumbrada, y el otro en un lugar inusitado o extraordinario, el poder de Dios es evidente en ambos. En virtud de su palabra-obra lo visible y lo invisible, lo físico y lo espiritual, lo temporal y lo eterno, lo rutinario y lo milagroso son reales, importantes, y participan de la unidad a través de su poder creador-sostenedor. Y debido a este factor unificador, podemos llamar universo al universo.

No debemos errar pensando que los aspectos físicos de la vida son de segunda clase porque sean temporales. ¿Diferentes? Sí.

¿Pasajeros? Sí. Pero, ¿carentes de importancia? No. ¿Sin valor? Dios nos libre. Dado que Dios los creó y los sigue sustentando, ¿quiénes somos nosotros para devaluarlos?

Piénselo de este modo: La ropa que usted viste hoy un día se habrá desgastado y será desechada. Pero ¿significa esto que no tenga importancia en el presente? Por supuesto que no. Intente ir un día o dos sin ella y pronto descubrirá cuán valiosa, maravillosa e importante es realmente. Por supuesto, esto no implica que los pantalones vaqueros de una persona sean tan preciosos como su alma. Jesús murió por ésta para preservarla eternamente, mientras que aquellos sólo tienen una importancia terrenal efímera.

El punto en cuestión es simplemente que el Dios de la Biblia es el Dios de lo físico y de lo espiritual, de lo visible y de lo invisible, de lo temporal y de lo eterno. Es Señor de ambos al mismo tiempo. Además, Él está cumpliendo su propósito en lo perecedero y en lo inmarcesible. Implicar que su obra tenga valor en el ámbito eterno y esté desprovista del mismo en el temporal es no acertar a apreciar su propósito pleno para una tierra pasajera, así como para un cielo eterno. Él se propone cumplir su voluntad en ambos.

¿Por qué estamos dedicando tanto tiempo a este punto? Porque hay una tendencia entre los cristianos a valorar los aspectos eternos, espirituales, de la realidad hasta tal punto de devaluar o rebajar el mundo físico, temporal, aquí y ahora. Esto nunca ha sido un hito en el pensamiento hebreo, ni en la Escritura, ni en la tradición judía. Por el contrario, el modelo hebreo afirma el mundo físico con energía y acción de gracias.

En vez de elevar el alma y menospreciar el cuerpo, los hebreos procuraron adorar a Dios plenamente en y a través de ambos, amando y sirviendo a Dios no sólo con todo el corazón y toda la mente, sino también con toda su fuerza física. La idea de que el cuerpo es como una prisión de la que el alma tiene que escapar era extraña a su manera de pensar.

Ellos no intentaron huir del presente mundo físico. Procuraron conocer a Dios y cumplir su voluntad en la tierra, mientras tenían oportunidad. El mandato de Génesis 1:27-28 no es, ciertamente, un llamamiento a negar el mundo físico, o a soportarlo hasta alcanzar el cielo, sino a amarlo responsablemente y cuidar de él. Además, el alma puede hallar bastante placer, deleite y satisfacción interactuando con el mundo físico. Marvin Wilson, profesor de Estudios Bíblicos y Teológicos en Gordon College, hizo esta curiosa observación acerca de la afirmación judía, que no negación, del mundo físico en la presente vida: «Si hallamos disfrute aquí y ahora (véase Eclesiastés 3:12-13) no deberíamos sorprendernos. Sabemos que este disfrute procede de un Creador amoroso que nos dio el ser teniendo en mente nuestros intereses. De aquí que el Talmud de Jerusalén afirme que en la vida venidera la persona haya de dar cuenta de toda cosa buena que debería haber disfrutado en esta vida, pero no disfrutó (Kiddushin 4:12). Según el punto de vista de los rabinos, no disfrutar de todo placer legítimo era en esencia ingratitud al Maestro del Universo».[24]

Tal vez exagerado por efecto, la esencia del pensamiento es clara. La afirmación judía del mundo físico también se puede apreciar en la visión positiva del trabajo físico. A diferencia de los filósofos griegos que consideraron el trabajo manual inferior a su dignidad, los hebreos hallaron satisfacción en el trabajo manual.

Es importante notar que en los días de Jesús se esperaba de los rabinos que conocieran un oficio. El famoso rabino Hillel era ebanista, y el igualmente famoso Shammai, carpintero. No se avergonzaban del trabajo físico, sino más bien lo contrario. Era una vergüenza para un padre no enseñar a su hijo a trabajar con las manos. El Talmud judío asegura: «Lo mismo que se le exige a un hombre que enseñe a su hijo la Torá [la Ley], también se le exige que le enseñe un oficio» (Kiddushin 29ª). Se reconocía que cualquiera que no enseñase a su hijo la Ley y un oficio, le condenaba a ser un necio y un ladrón.

Debemos recordar que el trabajo físico no es en sí mismo resultado de una maldición sobre el hombre, ya que Dios mandó a Adán que cuidará y preservara el huerto del Edén antes de la Caída (Génesis 2:15). También es importante notar que la palabra hebrea que designa trabajo es la misma que la que designa adoración: *avodah*.

Comentaremos esto más detenidamente, pero antes hemos de ver cómo la concepción dualista de Platón se mezcló con la enseñanza cristiana, y los efectos negativos, duraderos, que acarreó esta mezcla para la civilización occidental.

LA HUELLA DE PLATÓN EN LA IGLESIA

¿Qué impacto le produce la siguiente declaración? «Platón y Aristóteles figuran entre los más grandes padres de la iglesia cristiana. A pesar de ciertas doctrinas heréticas, podrían haber sido canonizados en la Edad Media, de no haber nacido algunos siglos antes de la era cristiana. Detrás de ellos está Sócrates, quien quizá hubiera tenido que esperar más para ocupar su lugar en la compañía de los santos con Juana de Arco».[25]

Estas palabras provocarán ceños fruncidos, si no gemidos y lamentos audibles de muchos seguidores de Cristo. La cita pertenece a un libro publicado en 1972, titulado *Antes y después de Sócrates*, escrito por Francis Cornford, historiador inglés, que enseñara en la Universidad de Cambridge. Desgraciadamente, los comentarios de Cornford no carecen de fundamento histórico, aunque la parte sobre la canonización de los griegos bien puede ser una exageración.

Una mezcla de la filosofía de Platón con el judaísmo tuvo realmente lugar en Alejandría, Egipto, bajo la dirección del filósofo llamado Filón el judío, quien se cree que murió en el año 45 A.D. Alejandría era el principal centro de pensamiento griego próximo a los días de Cristo. Filón desarrolló allí una mezcla de pensamiento judío y de filosofía griega a veces denominada judaísmo alejandrino. Interpretó las formas de Platón como «pensamientos de Dios», y creyendo que Platón era compatible con el judaísmo, procuró fundir ambos.

Como ya hemos visto, hubo ciertas similitudes entre Platón y la Biblia. Pero también las hay entre el hombre y el mono. ¿Significa esto que los dos son compatibles? ¿O implica que ambos estén relacionados? Ya hemos visto lo que sucede cuando la gente intenta fundir el mono y el hombre. ¿Recuerda las palabras de Peter Singer?

El mono no se convierte en hombre, más bien éste pasa a ser, según la creencia popular, un animal, perdiendo así su identidad singular como portador de la imagen de Dios. Sucede lo mismo con Platón y la Biblia. Si uno intenta fundir los dos, se pierde la verdadera identidad de la Palabra de Dios.

Si el proceso hubiera concluido con la fusión de Platón y el judaísmo intentada por Filón, quizá la historia habría sido distinta. Pero ciertos padres de la iglesia que tuvieron en alta estima la filosofía griega, hicieron intentos similares. La tendencia a añadir filosofías populares antiguas al cristianismo no es sólo un problema actual. Comenzó muy temprano.

Justino Mártir (aprox. 100-165), por ejemplo, estuvo imbuido de filosofía platónica antes de su conversión al cristianismo. Después de su conversión, incorporó el pensamiento de Platón a sus enseñanzas. Se refirió incluso a los filósofos griegos como cristianos antes de Cristo.[26]

Clemente de Alejandría (aprox. 150-215) dijo: «El mismo Dios que proveyó para los dos pactos fue el dador de la filosofía a los griegos».[27] Dijo que Dios guio a los griegos a Cristo a través de la filosofía, así como guio a los judíos a Él a través de la Ley.

Orígenes (aprox. 185-232), llamado padre de la teología cristiana, fue un influyente filósofo alejandrino, nacido y educado en esa ciudad, quien se cree que escribió muchos libros sobre temas religiosos. Él también incorporó las ideas de Platón a la doctrina cristiana.[28]

Por supuesto, con esto no se pretende negar que estos hombres prestaran una contribución muy útil a la iglesia primitiva, especialmente como importantes defensores de la fe. Pero al mismo tiempo, hemos de darnos cuenta de que, como ocurre con todas las personas, no todo su pensamiento estuvo exento de contaminación humana. Más adelante, la nueva mezcla de filosofía platónica con enseñanza cristiana fue impulsada por Agustín, en el siglo IV. Aunque en muchos aspectos Agustín fue útil para la iglesia, por lo que le hemos de estar agradecidos, fue influido por Plotino, filósofo romano del tercer siglo, también conocido como padre del neoplatonismo. Plotino, al igual que Platón, enfatizó la importancia de la meditación y la contemplación de «lo divino». Como Platón, ensanchó el abismo entre el ámbito espiritual y el material.

Agustín incorporó las ideas de Plotino a un armazón cristiano, distinguiendo claramente entre «vida contemplativa» y «vida activa». La oración y la meditación eran actividades «contemplativas», mientras que limpiar el suelo de la cocina o participar en el comercio o la empresa, eran «activas». La vida contemplativa, según el pensamiento agustiniano, era de orden superior.

La fusión de la filosofía platónica con las enseñanzas de la iglesia condujo a un dualismo religioso por el que las inquietudes eternas del alma entraron en conflicto con los afanes temporales del cuerpo. La vida «espiritual» había de separarse lo más posible del mundo material. Los votos de pobreza y celibato fueron marcas de intensa espiritualidad. Las ideas platónicas de Agustín le proporcionaron una visión muy negativa de la intimidad sexual, incluso dentro del matrimonio. La negación de los placeres físicos, el ascetismo, predicó la abstinencia de alimentos, y a veces incluso la autoimposición de dolor físico. El aislamiento de la sociedad fue otra forma de sacrificio, como también los votos de silencio.

Desde sus primeros días, la iglesia ha estado aquejada por los que piensan que la santidad es cuestión de retiro, separación o apartamiento de esta vida presente. El apóstol Pablo advirtió a Timoteo contra la forma de pensamiento que prohibía el matrimonio o el disfrute de alimentos que Dios había creado para ser recibidos con acción de gracias (1 Timoteo 4:3-4).

Posteriormente, los gnósticos enseñaron que la salvación era cosa de apartarse del mundo todo lo posible para conseguir una unión mística con Dios. El gnosticismo fue una herejía temprana que enseñó que el mundo había sido creado por una deidad perversa que se había revelado contra Dios. El mundo era una prisión maligna de la cual el hombre tenía que ser rescatado.

Aun hoy, parece haber cierta confusión acerca de lo que realmente es el «mundo» según la Biblia. Es importante entender este término. En la Escritura se usa en varios sentidos, a veces se refiere a la creación, como en la frase: «desde la fundación del mundo». A veces se refiere a las regiones habitadas, como cuando Pablo dice: «vuestra fe está siendo divulgada por todo el mundo».

Pero a menudo la palabra no tiene nada que ver con la creación física, la geografía o la demografía. Se usa para denotar un estilo de vida o un sistema de pensamiento contrario a la voluntad y los caminos de Dios. En este contexto, «mundo» hace referencia a un ámbito en el que la gente actúa según sus propias reglas, descartando el señorío de Cristo y la autoridad de la Palabra de Dios. Una persona «del mundo» es aquella cuya fuente de aprobación viene de la tierra (abajo), no del cielo (arriba), es decir, del hombre o de Satanás, en vez de Dios.

El primer acto de mundanalidad tuvo lugar en el jardín del Edén cuando Adán y Eva comieron del fruto prohibido. Actuaron según la autoridad de este mundo —la suya propia— y desecharon la de Dios. Pero, ¿acaso comer de un fruto es en y por sí mismo un acto mundano? Claro que no. Todo depende del contexto. En el caso de Adán y Eva, comer de este fruto particular fue un acto mundano porque violó una autoridad superior. Pero no se puede concluir a raíz de este incidente que el fruto fuera malo, o que comerlo fuera pecaminoso. El factor determinante de la mundanalidad no radica en el fruto mismo ni en el acto de comerlo, sino más bien en hacer caso omiso de la voluntad revelada de Dios.

Los cristianos, especialmente, no se pueden permitir confundir la buena creación de Dios con las malas elecciones del hombre. Hacer esto conduce a desdeñar lo que Dios quiso que compartiéramos con gozo y acción de gracias. El modelo hebreo de santidad no significa que la persona tenga que apartarse del mundo físico o privarse de los placeres legítimos que en él se hallan. No significa que el hombre suprima la humanidad que Dios le ha concedido renunciando a, (o negando) el placer físico en un esfuerzo por distanciarse del mundo material. La santidad significa más bien que la persona aprende a controlar sus pasiones en vez de ser controlada por ellas, a someterse a la buena autoridad de Dios en todo aspecto de la creación. Significa que la persona participa libremente de las buenas cosas de la vida dentro de los límites amorosos que Dios ha establecido.

El seguidor de Cristo no debe considerar el cuerpo físico como algo malo, o prisión de la que debe ser rescatado, sino como un templo en el que Dios mismo habita. Él quiere emplearlo para sus propósitos en el mundo, mientras aún estamos aquí. Sería agradable pensar que el problema del dualismo religioso en la profesión cristiana es algo que pertenece al pasado, pero no es así. La sombra de Platón es difícil de disipar para la iglesia. La fusión del pensamiento griego con las primeras enseñanzas de la iglesia plantaron las semillas de movimientos que surgieron siglos después, que acentuaron el lado eterno de la vida y denunciaron lo temporal hasta tal punto que los cristianos dejaron de desempeñar funciones y actividades «mundanas» como la política, el arte y la ciencia, apartándose de la corriente principal de la vida.

Pero la negación del mundo físico, o separación de él, va en contra de una mayordomía responsable del mismo. Nuestra singular vocación como seres humanos es la de interactuar con el mundo material con arreglo a la voluntad y los caminos de Dios, cumpliendo su voluntad en la tierra como en el cielo, estando en el mundo, pero no siendo de él, ocupándonos hasta que Él vuelva.

La política, pues, no es una ocupación mundana en y por sí misma. Sólo se convierte en tal cosa cuando la gente que la cultiva viola la Palabra revelada de Dios y cruza las barreras morales proporcionadas por nuestro Creador. Lo mismo cabe decir de todas las profesiones y empeños legítimos.

Sin embargo, aún hoy, la «espiritualidad» cristiana se suele centrar en la vida contemplativa de la experiencia interna del alma, menospreciando indirectamente el valor de las funciones activas de los seguidores de Cristo en el mundo de los afanes temporales. Todavía se argumenta, por lo común, que el joven que verdaderamente desea servir a Dios en esta vida tiene que hacerlo como pastor o misionero. Tal labor se suele denominar «servicio cristiano a tiempo completo», mientras que otras vocaciones son sencillamente inferiores. Esta manera de pensar es claramente no bíblica y ha menoscabado la eficacia de los cristianos para presentar una vida íntegra y sana en el lugar y momento en el que se desenvuelven.

Dijimos que la sombra de Platón es difícil de disipar para la iglesia. Esto es cierto, pero la sombra de Platón se puede disipar con un pequeño cambio de pensamiento del que hablaremos en breve. Pero antes, es preciso decir algunas palabras acerca de Aristóteles y el efecto duradero que también él ha causado en Occidente.

LA INFLUENCIA DE ARISTÓTELES EN LA CIVILIZACIÓN OCCIDENTAL

Aristóteles fue discípulo de Platón, pero sus intereses se volcaron principalmente en el mundo concreto de la materia física. A veces se le llama padre del método científico, y fue el primero en clasificar el mundo físico en los campos específicos de la biología, la zoología y la física. También se le conoce como fundador de la lógica.

A diferencia de Platón, sus escritos no fueron incorporados al pensamiento de la iglesia primitiva. Pero fueron cultivados y desarrollados por los musulmanes, por medio de las traducciones al árabe, que acabarían abriéndose camino en España. En el siglo XI, toda esta información, que incluía ciencia y matemáticas árabes, además de griegas, pasaron a ser conocidas por la iglesia mayormente por vía de traducciones latinas de eruditos judíos.

He aquí un amplio cuerpo de conocimiento antes desconocido para la iglesia. En educación, la teología había sido la reina de las ciencias desde el nacimiento de las universidades europeas. Pero con el advenimiento de Aristóteles surgió un nuevo interés por el mundo físico. Junto con esta información, se supo que Aristóteles había acumulado su vasto conocimiento sin ayuda de la iglesia o la Biblia, apoyado en la guía de la lógica humana, la razón y la observación. En esto la iglesia no era una autoridad. Esto no fue una cuestión sin importancia, ya que por esa época la iglesia disfrutaba de una posición de poder y autoridad incontestables, que dominaba la cultura y el pensamiento europeos.

La respuesta de la iglesia fue variada. Algunos aceptaron totalmente y de buena gana un planteamiento de la vida basado en la razón de Aristóteles. En el siglo XII, el erudito Pedro Abelardo llegó al punto de afirmar que todo lo que no era probado por la lógica podía ser considerado falso.

Ya hemos comentado el hecho de que la razón de por sí no es negativa. Es algo positivo, un aspecto de la semejanza de Dios en el hombre que le separa de los animales. Pero cuando uno se apoya exclusivamente en la razón, aparte de la revelación, y hace de la razón árbitro final de la verdad, ocurre una cosa extraña: la razón razona que no existe en absoluto la revelación. Esto es lo que tuvo lugar lentamente en el escenario europeo en el periodo comprendido entre 1200 y 1700.

A medida que el estudio profundo del mundo espacio-temporal concreto discurrió por un camino independiente guiado sólo por la luz de la razón humana, la voz de la iglesia fue relegada a una estrecha franja de la vida conocida como «religión». En el siglo XVII la ruptura quedó firmemente establecida, al menos en Europa. La luz de la razón independiente, contrapuesta a toda religión sobrenatural, pasó a ser la fuerza motriz de lo que los historiadores dieron en llamar la «Ilustración». El término, por supuesto, contrasta con el periodo precedente, acertadamente etiquetado era oscurantista de la Edad Media. La nueva luz del siglo fue la razón humana autónoma, no la revelación divina.

Esto es un síntoma de modernismo, en el que se produce un desprecio flagrante de la revelación y una alta estima de la razón, cuando la Naturaleza (con N mayúscula) es la única inteligencia rectora impersonal, creadora; cuando la Palabra de Dios es considerada tan relevante como las proclamas de Zeus, cuando la razón humana es la sola medida de la ética, la moral y la libertad. Aunque el advenimiento del posmodernismo en la segunda mitad del siglo XX trajo consigo una reacción ante tan extrema exaltación de la razón, el baluarte de la razón humana frente a la revelación divina es tan rocoso como siempre.

Sin embargo, debido a que las raíces judeocristianas de la cultura estadounidense son bastante sólidas, actualmente nos hallamos sumidos en un gran combate ideológico. Es una guerra de cosmovisiones. Contamos en nuestra sociedad con un número relativamente amplio de personas que aún se aferran a los supuestos bíblicos sobre la vida, para desagrado de otros que estarían encantados si estos «residuos de las Edades Oscuras» desaparecieran para siempre, no sólo en las escuelas públicas y el gobierno civil, sino además, las concepciones socialmente aceptadas de la familia y la moral.

La batalla ha sido intensa en los últimos años. Ha habido un prolífico aumento de personas en nuestra cultura que ya no dan por sentados los supuestos bíblicos. El liderazgo de nuestra sociedad cada vez está más en manos de gente cuya educación en la escuela pública no ha conocido la lectura de la Escritura ni la colocación de los Diez Mandamientos en la pared, pero sí un enfoque bastante griego de la moral que ha conducido a la gente a decidir por sí misma lo que está bien o mal.

Antes de la década de 1960, muchos estadounidenses, aun los que no se confesaban cristianos, mantenían un marco bíblico moral. Lo hacían supieran o no de dónde procedía. Por aquel entonces no era nada raro que la gente se refiriera a los Estados Unidos como «nación cristiana», porque sus leyes se basaban directamente en la Biblia, se honraba y se reconocía la autoridad de las palabras de Jesucristo. Pero hoy la historia es muy diferente. Cada vez más, cada individuo hace lo que le bien parece en su propia opinión, sin tener en cuenta lo que dice la Escritura. Como dice cierto pastor: «Vivimos en unos tiempos en los que lo bueno ha pasado a ser malo, lo malo ha pasado a ser bueno, y está mal decir que lo malo está mal».[29]

La pregunta que surge de manera natural es: si las cosas han cambiado tan rápidamente en nuestra cultura en los últimos cincuenta años, ¿cómo será la próxima generación, si es que Dios nos concede verla? ¿Vivirá la próxima generación en una sociedad en la que los supuestos bíblicos sigan vigentes y gocen de buena salud?, como sucedió en el pasado en EEUU, o ¿serán estas antiguas piedras reemplazadas por otras ideas antiguas?

Este libro fue escrito con la esperanza de que prevalezca lo primero. Fue escrito para ayudar a la gente a entender la raíz del problema y constatar cuán lejos la marea alta del pensamiento pagano antiguo ha inundado el país, y hacia dónde nos está llevando rápidamente la corriente. Fue también escrito para que la gente sepa lo que se puede hacer para reparar los diques.

Por la gracia de Dios, se puede hacer mucho para invertir la tendencia. Ciertamente, en el contexto de las familias se pueden restaurar las normas bíblicas en pensamiento y costumbres, mientras los padres cristianos asumen su parte para educar a la siguiente generación. Para los padres, no hay mayor vocación o ministerio que éste. Cual va la familia, así va la nación. Aunque mucha gente no tenga oportunidad de influir directamente en arenas como la ley, el gobierno civil, la educación o las artes, todo padre tiene la oportunidad de influir en su propio hogar, y a partir de ahí, en muchas generaciones.

Pero muchos seguidores de Cristo tendrán ciertamente oportunidad de influir significativamente. Este libro fue también escrito con la esperanza de que éstos sean estimulados a hacerlo. Un paso importante para reconquistar la influencia cristiana en nuestras culturas es reafirmar nuestros propios supuestos, asegurarnos de que sean bíblicamente sólidos. ¿Pensamos realmente de forma bíblica por lo que respecta a nuestro trabajo, escuelas y responsabilidades civiles? El resto de este libro examinará estos asuntos en particular. Pero antes que nada, debemos superar el problema raíz del dualismo religioso en el pensamiento cotidiano, que ha impedido a los cristianos ejercer plenamente su papel en el mundo concreto del aquí y el ahora.

LA VICTORIA SOBRE EL DUALISMO

Una persona mira dos edificios, una catedral y un rascacielos, clasificando uno como lugar sagrado de culto y el otro como área secular de negocios; una persona lee dos libros, la Biblia y *Azabache*, considerando el uno libro sagrado y el otro secular; un violinista toca dos piezas, *Cuán grande es Él* y *Sonata en C menor* de Beethoven, a una la llama pieza sagrada y a la otra pieza secular; una persona estudia dos cuadros, uno representa la *Última Cena* y el otro un anciano granjero en pie, con su esposa a su derecha y una horca a su izquierda, categorizando el uno de sagrado y el otro de secular; un trabajador de fábrica escucha la predicación de un pastor el domingo por la mañana, pensando que la labor del pastor es tarea sagrada, mientras que la suya es un trabajo secular.

Estos son ejemplos comunes de dualismo religioso artificial, resultado de la mezcla falsificada de filosofía griega con las enseñanzas de la iglesia. De una manera desafortunada, la exaltación platónica de las ideas metafísicas y la relativa devaluación del mundo físico, incorporada a las enseñanzas de la iglesia por los primeros teólogos, ha formado parte del pensamiento occidental por centenares de años, tanto dentro como fuera de la iglesia.

Es generalmente aceptado que la vida puede y debe dividirse en dos categorías principales: la «sagrada» y la «secular», aun cuando ninguna de las dos palabras se encuentre en la Biblia. Un lugar «sagrado» es donde se adora a Dios, un terreno laico o «secular» es donde se lleva a cabo el trabajo. La esfera «sagrada» de la vida se asocia con la iglesia, mientras que la «secular» se asocia con asuntos externos a la iglesia. Las cosas «sagradas» de la vida están claramente relacionadas con Dios, mientras que en el «mundo secular» no hay tal conexión, o al menos la conexión no es relevante.

Pero ¿existe ese mundo? ¿Hay alguna parte de la vida que no esté conectada con Dios de manera directa y significativa? ¿Hay algún aspecto de la vida en el que Dios no sea relevante? Pensemos en la catedral y el rascacielos por un momento. ¿Cómo se mantienen unidos los elementos de ambos edificios? ¿Existe el rascacielos independientemente de Dios? No. Todas las cosas en Él subsisten (Col. 1:16-17). ¿Quién dio a los arquitectos la capacidad de diseñar estas estructuras y a la cuadrilla de trabajadores de construcción la habilidad de colocar todas las piezas armónicamente? Cristianos o no, tales edificios son posibles porque el hombre fue creado a imagen de Dios, con la capacidad de diseñar y crear. Un rascacielos es un tributo magnífico a Dios, se den cuenta o no los que lo edificaron. Pensar que Dios ha podido crear al hombre con la habilidad de edificar un rascacielos es sobrecogedor.

Por si todo esto fuera poco, considere: ¿Quién es el dueño del rascacielos? «Del Señor es la tierra y su plenitud» (Salmo 24:1). ¿Qué tiene de secular una propiedad que pertenece a Dios? Y además de esto, si hay un cristiano dentro de ese edificio que hace su trabajo «de corazón como para el Señor» (Col. 3:23), el rascacielos es, en realidad, un lugar de adoración. Como mencionamos anteriormente, la palabra hebrea que designa trabajo es la misma que designa adoración: *avodah*. Esto nos da una idea de la noción hebrea de la unidad e integridad de la vida sometida a Dios, en la que tanto el trabajo como la oración expresan una respuesta a Él.

Pensemos en el arte por un instante. El hecho de que una persona pueda crear una pintura sobre un lienzo es otro gran tributo al Señor, sea o no el artista consciente. El verdadero arte no puede evitar glorificar a Dios, aun cuando el artista sea ateo y el tema de su obra no tenga nada que ver con la religión. Ya se trate de un cuadro de la Última Cena de Jesús, o de una cena familiar de Norman Rockwell, el hecho de que las personas puedan crear tales cosas y otras puedan verlas y apreciarlas es asombroso. Las ondas luminosas creadas y sostenidas por Dios reflejan todo el espectro de colores pintados en un cuadro sobre un lienzo plano por manos humanas, imágenes que son captadas por el cerebro del espectador, despertando emociones o admiración. ¿Es todo esto posible sin Dios? Y una vez más, si el artista hace su trabajo como para el Señor, de una manera que no le deshonre, el acto mismo es un acto de adoración, se trate o no de una escena bíblica.

Comentarios similares cabe hacer respecto a toda forma de arte, como la música y la literatura. En cuanto al relato de *Black Beauty (Azabache)*, ni el color negro, ni la belleza, ni los caballos son «seculares». Más aún, si un autor escribe como para el Señor, con un contenido que no deshonra a Dios ni su Palabra, él o ella no tienen por qué escribir un sermón ni presentar una moral cristiana para glorificar a Dios mediante la expresión de palabras. Lo mismo cabe decir de la música.

Podríamos seguir dando más ejemplos, pero el punto se reduce a esto: La dicotomía «sagrado/secular» no es legítima. Confunde los verdaderos asuntos e induce a pensar erróneamente que ciertos aspectos de la vida pertenecen a Dios, mientras que otros no. La vida no se puede dividir así. Dios es Señor de lo material y de lo espiritual, de lo temporal y de lo eterno. Él es tan importante en las cosas temporales como en las eternas, y tan importante en las cosas fuera de la iglesia como dentro de ella.

No es realmente posible separar a Dios de ninguna esfera de la existencia, por mucho que se intente. Aunque la palabra «secular» puede ser usada para identificar una esfera de la vida en la que Dios es ignorado, no puede identificar una esfera de la vida en la que Dios sea irrelevante. No existe tal mundo «secular», excepto en la imaginación de personas que han oído hablar de él tanto tiempo que creen que está ahí. *«Secularizado»*, sí. *«Secular»*, no.

La cuestión que surge es la siguiente: Si la dicotomía sagrado/secular no es una manera legítima de ver la vida, entonces, ¿cómo deberíamos concebirla? Si no hay un mundo secular, ¿significa ello que todo es sagrado? ¿Qué decir de las cosas que son obviamente contrarias a la voluntad de Dios o que violan su Palabra? ¿Qué acerca de un negocio o empresa que no se ajusta a sus preceptos morales?

Éstas son buenas preguntas. Para encontrar las respuestas es preciso mirar la vida desde una perspectiva muy distinta de la que estamos acostumbrados. Significa ver el mundo a través de una ventana diferente, una distinción vertical, no horizontal.

¿Qué quiere decir esto? Bueno, volvamos momentáneamente a la concepción platónica del mundo. Podemos dibujar su cosmovisión formando un círculo que representa toda la realidad. La línea horizontal en el círculo de esta página representa una división en dos niveles: superior e inferior:

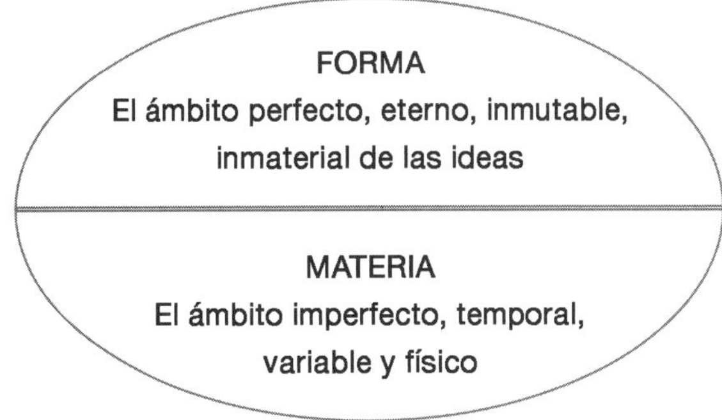

En términos del idealismo metafísico de Platón, el nivel superior tiene que ver con el mundo eterno, inmutable y perfecto de las ideas, mientras que el inferior tiene que ver con el mundo temporal, variable e imperfecto de la materia física. Esta idea, más adelante adaptada e incorporada al pensamiento de la iglesia, resultó en una concepción del mundo sagrada/secular.

En el diagrama que aparece más abajo, se aprecia la realidad dividida en un nivel superior de intereses «sagrados» que pertenecen al ámbito espiritual, eterno e inmutable de Dios en el cielo, y un nivel inferior de afanes «seculares» que pertenecen al ámbito físico, temporal y variable del hombre en la tierra. El nivel superior tiene que ver con cosas como la oración, la meditación, el estudio bíblico, el cántico de himnos, la predicación, la evangelización, los cultos dominicales y otras actividades llamadas «religiosas». En el nivel inferior estarían cosas como fregar los platos, el empleo cotidiano semanal, la informática, la ciencia, el deporte, el ocio y entretenimiento y otras actividades llamadas «seculares»:

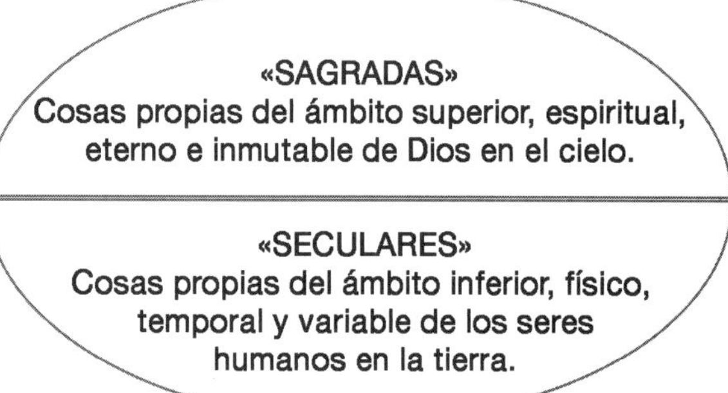

No obstante, si dibujáramos una perspectiva que se acercara a la concepción bíblica de la vida, tendría un aspecto como el que sigue:

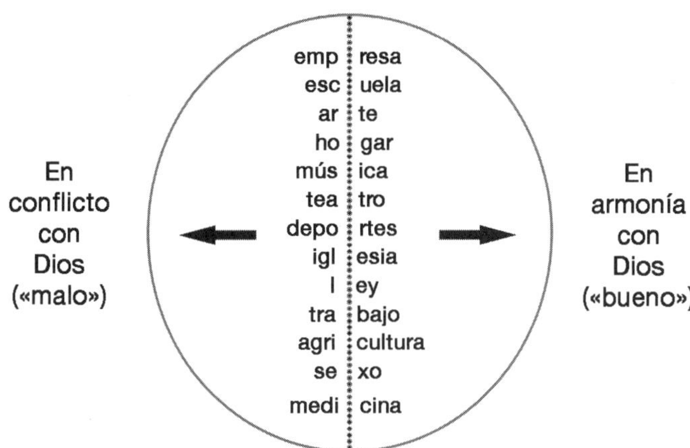

En vez de una línea horizontal sólida que divida la realidad en ámbitos superior e inferior, vemos una línea discontinua vertical a través de toda realidad. La línea discontinua significa el hecho de que cualquier aspecto concreto de la vida puede pasar de un lado de la línea al otro, dependiendo de ciertos factores, según se describe más abajo. (El autor está en deuda con Albert Wolters por este concepto básico. Para un estudio más detallado, consúltese su libro *La Creación Recuperada: Bases bíblicas para una cosmovisión reformacional)*.

Ya que hemos mencionado anteriormente el ámbito de la política, o gobierno civil, comenzaremos por él. Como ya dijimos, la política, en y por sí misma, no es un empeño «mundano», sólo se convierte en eso cuando la gente que la ejerce viola las directrices de la Palabra de Dios. No podemos afirmar que la actividad política sea un empeño «secular», alojado en un compartimento artificial de vida «no sagrada» que funcione según su propio conjunto de normas, independientemente de los pensamientos divinos sobre el asunto del gobierno civil y las relaciones humanas. No obstante, podemos afirmar que la actividad política que armoniza con la Palabra de Dios es buena, mientras que la actividad política que entra en conflicto con la Palabra de Dios es corrupta.

He aquí el supuesto básico que estamos tratando: Dios es relevante para todas las cosas bajo su autoridad, y como no hay nada que se sostenga fuera de ella, es tan relevante en lo que acontece en el gobierno civil como en el devenir de los negocios o la empresa, en la relación entre los miembros de la familia, el ordenamiento de la ética de la persona y el funcionamiento de la iglesia local. En suma, Él es Señor de todo, y no es menos importante en un área de esfuerzo humano que en otras, y ciertamente, no es menos relevante en lo que sucede fuera de la iglesia que en lo que sucede dentro.

Para el hebreo, la vida y la adoración eran inseparables. Para ellos, no había momentos sagrados intercalados entre los afanes seculares. Aunque había, desde luego, momentos en los que la atención se dirigía hacia Dios de maneras especiales, esto no implicaba que cuando uno volviera a arar su campo o pastorear su rebaño su esfuerzo no fuera una respuesta a Dios.

Esta actitud contrastaba con la del griego, cuyo enfoque religioso se centraba en lo ritual, como los cánticos y ofrendas de alimentos a los dioses, etc., lo que variaba conforme a la tradición familiar. Estaba estrictamente apegado al ritual, y el asunto de la pulcritud ritual tenía para él más importancia que la conducta, cuestión en la que los propios dioses no eran precisamente ejemplares.

Los griegos no miraron a ninguna Palabra objetiva de Dios en asuntos como relaciones interpersonales o normas morales. Aunque la religión griega exigía adhesión a un ritual, no exigía compromiso con ningún estilo de vida en particular. De modo que un griego podía ser una persona religiosa y sin embargo vivir conforme a cualquier credo personal o filosofía humana que quisiera, con tal que no violase las leyes de la ciudad-estado. En la antigua Grecia, la observación de ceremonias sagradas era una cosa y el resto de la vida otra bien distinta, en la que la religión desempeñaba una parte, pero sólo eso. Pero para el hebreo la adoración era un estilo de vida, y Dios era igualmente importante en cada empresa de la vida.

Lo mismo ha de ser para nosotros hoy. No importa en qué esfera de la vida nos encontremos, si ordenamos nuestros caminos en conformidad con Dios, o en disconformidad con Él, la actividad que emprendamos se puede arrastrar hacia uno u otro lado de la línea vertical, dependiendo de las elecciones que tomemos y los motivos de nuestro corazón. El dualismo bíblico en la vida, pues, no es entre lo «sagrado» y lo «secular», en niveles vitales superior e inferior, inventados, sino más bien entre lo que está en armonía con el designio de Dios o en conflicto con él, es decir, entre el bien y el mal, no importa en qué esfera de la vida o empresa tenga lugar.

La cuestión es, pues, ¿funcionará el gobierno del estado en conformidad con las leyes superiores de Dios o en contra de ellas? ¿Operará la economía según la ética bíblica o se dejará arrastrar por la seducción de lucro fácil? ¿Honrará a Dios nuestro uso de la medicina o le afrentará? ¿Se someterá nuestro hogar al designio de Dios para la familia u operará según la sabiduría de este mundo?

A medida que adaptamos nuestros caminos a los de Dios, ya sea en nuestro hogar, negocios, pasatiempos, etc., cualquier actividad legítima tiene el potencial de ser buena, hermosa, agradable a Dios y verdaderamente gratificante.

Si escogemos rechazar las directrices de Dios, hallaremos que en cualquier esfera de la vida que funcionemos, el resultado distorsiona lo que Dios ha creado y que es verdaderamente insatisfactorio.

El cuerpo no es intrínsecamente «malo», ni el alma es intrínsecamente «buena». Ambos forman parte de la creación de Dios, aunque, como consecuencia de la Caída, ambos pueden participar activamente en el bien o el mal, dependiendo de la propia decisión de actuar en armonía con la Palabra de Dios o en contra de ella. Por ejemplo, la sexualidad del hombre, es una parte de la buena creación de Dios. Experimentada dentro de las directrices de su diseño, es una cosa hermosa. Por otra parte, la perversión sexual, es la práctica contraria a su designio.

El bien y el mal son posibilidades en cualquier aspecto de la vida. Esta es la única clase de dualismo que hay en la Escritura: el dualismo entre el bien y el mal. El buen gobierno es que armoniza con las directrices de Dios, ya se trate a nivel estatal, la iglesia, o el hogar. Un gobierno corrupto es el que desatiende la Palabra de

Dios y opera en contra de ella. Las autoridades civiles, eclesiásticas y de la familia han sido ordenadas por Dios y están igualmente obligadas a respetar la Autoridad Suprema de la que procede toda autoridad.

Como resultado de la Caída y la entrada del pecado en el mundo, la buena creación de Dios ha sufrido ciertamente. Ha sido abusada, violada, torcida y pervertida por los hombres. Pero debemos retornar constantemente a la verdad de que a pesar de su condición presente, la tierra y todo lo que contiene aún es propiedad de Dios. Él no la ha abandonado. Todo aspecto de la vida, aunque exista en su presente condición por un tiempo breve, debe ser apreciado como reteniendo su bondad original de la creación, con sus distorsiones por la Caída y su propósito de redención.

La vida adquiere nuevo sentido y posibilidades cuando se contempla a través de la ventana aquí descrita. Nuestro llamamiento a ser mayordomos responsables y a cultivar la creación debe ser visto como una tarea valiosa cumplida delante de Dios aquí y ahora. Aunque la entrada del pecado en el mundo haya acarreado muerte, separación de Dios, dolor y sufrimiento, no debemos concluir que la tierra y su contenido sean despreciables, sin ninguna utilidad más que el ser descartada por Dios, excepto para el juicio final. No es cuestión de bruñir el bronce en un barco que se hunde, sino de afirmar la vida como buena creación de Dios y de cumplir nuestro propósito como mayordomos portadores de su imagen mientras estamos aquí.

[Para un estudio más detallado de la integración de la fe bíblica y el trabajo, como seguimiento práctico de *Supuestos y estilos de vida*, consúltense *God's Pleasure At Work: Bridging the Sacred-Secular Divide*, y *The Difference One Life Can Make: Experiencing God's Pleasure At Work*, disponibles a través de Worldview Matters en *www.worldviewmatters.com*. También se invita a los lectores a suscribirse al blog Worldview Matters en *www.biblicalworldviewmatters.blogspot.com*, y a auspiciar un seminario «God's Pleasure At Work» en su iglesia, escuela o empresa. Véase *www.godspleasureatwork.blogspot.com*].

RESUMEN DEL CAPÍTULO CINCO: PERSONAS, LUGARES Y CONCEPTOS CLAVE

Homero (aprox. 800 a.C.)
La Ilíada y *la Odisea*
Jenófanes (aprox. 560-aprox. 478 a.C.)
Protágoras de Abdera (aprox. 485-410 a.C.)
Los sofistas
Sócrates (aprox. 470-399)
Platón (427-347 a.C.)
Filón Judío (aprox. 13 a.C.-aprox. 45 d.C.)
Alejandría, Egipto
Justino mártir (aprox. 100-aprox. 165)
Clemente de Alejandría (aprox. 150- aprox. 215)
Agustín (354-430)
Plotino (205-270)
Dahbar
Los tres significados de la palabra «mundo» en la Biblia
Dualismo
Idealismo
Universales inmutables frente a particulares variables
Forma y materia
Judaísmo alejandrino
Cristianismo platónico
Vida contemplativa frente a vida activa
Sagrado frente a secular
Gnosticismo
La concepción hebrea de la santidad
La Ilustración
La Edad Media (Edades Oscuras)

Para la profundización y el debate

1. Considere varios ejemplos de cómo los supuestos hacen que distintas personas vean las mismas cosas de maneras muy diferentes. Tome un asunto de un noticiero diario y comente cómo puede ser interpretado desde la perspectiva del evolucionista,

el creacionista, relativista moral, absolutista moral, individualista, colectivista, pensador basado en la razón y/o pensador basado en la revelación.

2. ¿Cómo el faro rector de la filosofía griega (la razón humana) fue también causa de su degeneración?

3. «Las mentiras más efectivas son las que más se acercan a la verdad». Dé ejemplos de la filosofía y la religión. ¿Cómo se aplica esto al cristianismo platónico?

4. *«La religión misma puede ser una de las empresas más mundanas»*. Explíquelo.

CAPÍTULO SEIS

¿CUÁL ES LA FRONTERA DEL REINO DE DIOS?

Describir el reino de Dios es como varios ciegos que intentan describir un elefante. Uno de ellos sujeta la cola y afirma que es como una soga. Otro toca la pata y asegura que es como un árbol. Si uno nunca hubiera visto un elefante y oyera el informe de los ciegos, sentiría confusión a menos que se diera cuenta de que el elefante es realmente como «lo anteriormente dicho», dependiendo del punto de enfoque.

En este capítulo nos centraremos en el reino de Dios en su sentido más general. Una de las definiciones más comunes de reino que da el diccionario sería: «Un país en el que reina un rey o una reina». En el sentido más amplio de la palabra, el reino de Dios es el dominio sobre el que Él reina. En este contexto, pues, el reino de Dios es tan amplio como la creación, ya que no hay ámbito que exista con independencia del gobierno y la autoridad soberana de Dios, ni en el cielo ni en la tierra.

No hay lugar en el que uno se pueda apartar del dominio de Dios. El Señor ha establecido su trono en el cielo; su reinado domina sobre todos» (Salmo 103:19, NVI). Este es el reino de Dios en general. No tiene fronteras. David sabía que no podía escapar aun cuando se refugiara en los rincones más remotos del planeta.

Nuestro Señor es Señor del cielo y de la tierra, aunque nadie en la tierra le conociera o le reconociera como tal. Sea que una persona le reconozca o no, Jesús sigue siendo Rey de reyes, y Señor de señores. La desconsideración humana para con Dios no anula su autoridad sobre todos y cada uno de nosotros, cristianos o no. Aunque no todo el que habita sobre la tierra es hijo o hija del reino de Dios, vive en su reino, se dé cuenta o no.

«Del Señor es la tierra y todo cuanto hay en ella, el mundo y cuantos lo habitan» (Salmo 24:1, NVI). En virtud de que Dios creó y sustenta la tierra, todo su contenido le pertenece. Aunque los seres humanos negaran su existencia o le maldijeran diariamente, Él sigue manteniendo su aliento. No sólo es dueño del ganado que pace en miles de colinas, sino las mismas colinas le pertenecen, junto con todo lo que camina, vuela sobre ellas, o escarba en la tierra, y también el hombre, redimido o no. Por la creación, todos los hombres son obra de su mano. Aunque no todos son suyos por el segundo nacimiento, todos lo son por el primero.

Todo sobre lo que el hombre pone su mano pertenece a Dios. Mientras se disfruta de una comida en un buen restaurante es importante ser consciente de que no sólo la comida procede de Él, sino el plato del que come, la mesa a la que se sienta, así como el tapete y las velas. No importa que el dueño se dé cuenta o no, el restaurante entero pertenece a Dios.

No obstante, aunque todo pertenece a Dios, desde la primera tentación del hombre, la tierra y todo lo que contiene ha sido terreno en disputa. Hay un enemigo que reclama su derecho sobre lo que es de Dios, no suyo. Él es el gran usurpador de la autoridad divina, un intruso infiltrado en su propiedad, una voz adversaria dentro del límite general del reino de Dios, que ha establecido un reino propio, rebelde, dentro del territorio del Rey.

Este enemigo, Satanás, ha procurado desde el principio de la historia de la humanidad apartar a los hombres de su Creador, ha hecho todo lo posible por derribar y destruir todo lo que es de Dios y reclamarlo como propio. La Escritura alude a él diciendo: «El cual engaña al mundo entero» (Apocalipsis 12:9), y ha hecho un trabajo tan efectivo que muchos cristianos han sido embaucados a creer que la tierra es realmente suya. Pero, en realidad, el diablo nunca ha creado nada en su vida. Sólo ha torcido y pervertido lo que ha creado Dios.

Por causa de la Caída, el hombre vive ahora en un mundo anormal y distorsionado. Las cosas no son como Dios las hizo al principio. La creación de Dios ha sufrido abusos, malos tratos y deformación. A consecuencia de la desconsideración del hombre para con el Rey y su autoridad, la tierra y todo lo que contiene ha sufrido desde el día del primer pecado. La gente enferma y muere. Las guerras mutilan y matan. Los niños a veces mueren de hambruna. Éstas son realidades ásperas de la vida. Sin embargo, sufre la misma creación de Dios.

El hombre vive en un mundo que encierra dos esferas en conflicto. Una de ellas la componen los que son de Dios, la otra los que son del mundo. Los que son de este mundo mienten bajo el poder del maligno. Porque Satanás, también, gobierna sobre el planeta tierra, al menos por un tiempo. No obstante, él es gobernador de este *sistema* mundano (Juan 12:31; 16:11; 2 Corintios 4:3-4), y sus caminos son de abajo, no de arriba.

Aunque una esfera es celestial y la otra es de este mundo, coexisten simultáneamente hoy en la tierra. Por ahora, tanto el trigo como la cizaña crecen en el mismo campo. Jesús se refiere claramente a este misterio en una de las parábolas de Mateo 13, en la que habla de un hombre que sembró buena semilla en su campo, pero un enemigo vino y sembró malas hierbas entre el trigo. Los discípulos de Jesús le pidieron después una explicación del relato narrado en los versículos 37-43.

> Respondiendo él, les dijo: «El que siembra la buena semilla es el Hijo del Hombre. El campo es el mundo; la buena semilla son los hijos del reino, y la cizaña son los hijos del malo. El enemigo que la sembró es el diablo; la siega es el fin del siglo; y los segadores son los ángeles.

> De manera que como se arranca la cizaña, y se quema en el fuego, así será en el fin de este siglo. Enviará el Hijo del Hombre a sus ángeles, y recogerán de su reino a todos los que sirven de tropiezo, y a los que hacen iniquidad, y los echarán en el horno de fuego; allí será el lloro y el crujir de dientes. Entonces los justos resplandecerán como el sol en el reino de su Padre. El que tiene oídos para oír, oiga».

Note que los que sirven de tropiezo y los que hacen iniquidad, hijos del maligno, serán *expulsados de su reino* al fin de los tiempos. Hasta el tiempo de la cosecha, tanto el trigo como la cizaña crecen en el campo de Dios, que es el mundo creado (tierra). A pesar del hecho de que un enemigo ha venido y sembrado mala semilla, el reino de Dios sigue siendo tan vasto como el mundo. Sin embargo, aunque muchos cristianos cantan el himno *El mundo es de mi Dios* el domingo por la mañana, cuando miran en derredor el lunes no parece que sea realmente verdad. Ante tanta mala hierba pierden de vista el hecho de que *el campo es del Señor*.

Muchos cristianos se sienten abrumados y en inferioridad numérica, se retiran y ponen su atención en un mundo interior de «espiritualidad» personal, dejando que el enemigo ocupe el «otro» mundo. O ponen su atención en la iglesia, reduciendo los límites del reino de Dios a esta institución. Este es un caso grave de miopía, ya que el reino de Dios se extiende mucho más allá de la jurisdicción eclesial.

Desgraciadamente, por causa del pensamiento dualista sagrado/secular de los cristianos, se ha pasado por alto la efectiva aplicación del pensamiento y la práctica bíblica a la cultura «exterior». Da la sensación de que los cristianos se han convertido en sus peores enemigos, pues se espiritualizan, abandonan el juego de pelota y se refugian en los bancos de la iglesia.

Al situar las actividades espirituales de la iglesia en una esfera artificial superior, el dualismo religioso sitúa todo lo demás, por defecto, en una esfera inferior. Al hacerlo, se crea una jerarquía de valores por medio de la cual la iglesia y las actividades con ella relacionadas ocupan un lugar prioritario, mientras que las actividades no específicamente relacionadas con la iglesia pasan a una segunda categoría, menos relevante de lo que realmente importa en la vida, o simplemente no tan agradable a Dios.

Como consecuencia de ello, los cristianos sinceros que desempeñan ocupaciones estimadas seculares y desean hacer la «obra del Señor» suelen laborar bajo cierto descontento. Para ellos es difícil constatar que su trabajo sea una actividad espiritual de valor o un acto de adoración a Dios. Después de todo, si la espiritualidad se mide en términos de devoción a cosas de Dios que forman parte de un nivel espiritual superior, arbitrario, no hay manera de esquivar la idea de que implicarse en una esfera de la vida percibida como inferior es ciertamente menos espiritual, si es que lo es en modo alguno. Tal desafortunada forma de pensar no toma en consideración que las cosas de Dios llenan los niveles «inferior» y «superior» (por así decirlo) con la misma fuerza.

Por supuesto, la salud y el bienestar de la iglesia local son ciertamente vitales para la comunidad. Debemos tener en el país iglesias fuertes. Pero también es vital la salud y el bienestar del ayuntamiento, las empresas locales, las granjas, los hogares y las escuelas. Como agricultores, empresarios, funcionarios, padres y educadores cristianos, podemos y debemos involucrarnos en «la obra del Señor», no importa en qué parte del reino de Dios hayamos sido plantados, haciendo nuestro trabajo de buena gana como para el Señor, para su gloria en toda la tierra. Esto es auténtica adoración en acción.

Nuestro gran reto, pues, consiste en aprender a «pensar cristianamente» en el gobierno civil, la economía, el derecho, la medicina, la ciencia, los medios de comunicación y las artes. Se necesitan jueces que juzguen justamente, economistas que administren fondos honestamente, maestros que enseñen la verdad, gobernadores que gobiernen equitativamente, fontaneros que hagan su trabajo a conciencia y padres que eduquen cristianamente. No podemos permitirnos seguir privatizando el cristianismo o limitar la comprensión del reino de Dios a la iglesia o al más allá.

Esta no es una doctrina nueva y extraña. Sopese las palabras de A. A. Hodge, teólogo del siglo XIX que enseñó en Princeton:

> El cristiano no tiene derecho a separar su vida en dos ámbitos y reconocer códigos morales distintos en cada uno de ellos —afirmar que la Biblia es una buena norma para el domingo, pero la vida cotidiana es otra cuestión; o que las Escrituras son la norma debida en asuntos de religión, pero esto otro es cuestión de negocios o de política—. Dios reina sobre todo en todo lugar. Su voluntad es ley suprema en toda relación y acción. Su Palabra inspirada, lealmente leída, nos informa de su voluntad en cada relación y acto de la vida, tanto en lo secular como en lo religioso; y el hombre que rehúsa andar en esto con sumo cuidado es un traidor. El reino de Dios abarca todos los aspectos de la vida humana y es un reino de absoluta justicia. O soy un súbdito leal o soy un traidor. Cuando el Rey venga, ¿en qué condición me encontrará?[30]

Al limitar la idea del reino de Dios a la esfera privada de la espiritualidad personal, o al mundo organizado de la iglesia, los cristianos han dejado de ejercer mayordomía sobre una gran porción de la realidad. Al abdicar su responsabilidad en todo el reino de Dios, los cristianos han creado un vacío cultural de trabajo, influencia y liderazgo que han ocupado los impíos. La pura verdad es que alguien va a ejercer dominio en la tierra. Si no los piadosos, entonces lo harán los impíos. Si los justos se retiran totalmente, puede ocurrir que un día despierten y descubran que su herencia (la tierra) ha sido usurpada por los que no conocen a Dios.

Históricamente, las consecuencias lamentables de limitar el reino de Dios a la iglesia se pueden apreciar en lo que sucedió al final de la Edad Media, cuando esta institución perdió su posición de prominencia en la cultura europea. Parece que, según la mentalidad de muchos, el hecho de que el reino de Dios haya venido equivale a decir que «ha venido el reino de la iglesia». Y a medida que la amplitud de la autoridad de la iglesia se redujo, la esfera percibida del reino de Dios y el derecho a que se oiga su voz también encogieron.

Este problema sólo pudo acaecer en una cosmovisión horizontalmente dividida entre lo sagrado y lo secular. Porque la división horizontal arbitraria entre el mundo «sagrado» y el «secular», a medida que el mundo considerado secular fue descollando, fue empujando al mundo tenido por sagrado hacia un rincón llamado «religión», lo encarceló en él y lo vigila montando guardia para que no se escape. Como resultado de este estado de cosas, la autoridad de Dios en el mundo actual ha sido relegada a una esfera restringida llamada «religión». Y así sucede que la Biblia es hoy relevante en sermones dominicales y en estudios de seminario, pero su autoridad en la arena de la economía, el derecho, y la sociología es prácticamente ignorada por el hombre contemporáneo.

Hoy se suele oír que la religión es un «asunto privado», una «opción personal» sólo aplicable a la vida privada o a lo que tiene lugar en la iglesia, y ciertamente, no pertinente por lo que respecta a asuntos como el empleo, el gobierno o la empresa. Se cree que las palabras de la Biblia no tienen relevancia en la sociedad en general. Fuera de la iglesia o de la vida personal, la Escritura no es aplicable.

Como ejemplo de este supuesto valga el caso del Dr. Kenneth Olson, psicólogo cristiano de Phoenix, Arizona, cuyo encuentro con la privatización del cristianismo y el dualismo sagrado/secular del pensamiento moderno provocó que le fuera retirada la licencia que le daba derecho a ejercer:

> Un niño fue dado en acogida porque sus padres, que eran satanistas, habían abusado física y sexualmente de él. Los padres de acogida sometieron al niño a vigilancia psiquiátrica en el hospital Arizona State después de volverse violento y destructivo. Comoquiera que el tratamiento del hospital no tuvo éxito, la madre de acogida llevó al niño, con el permiso del hospital y el ADES [Departamento de Seguridad Económica de Arizona], a la consulta del Dr. Olson. En la primera sesión el niño se quedó dormido y el Dr. Olson oró para que los espíritus demoníacos se apartaran de él. Después de 15 minutos de oración, el niño se despertó, se enfadó y se escondió debajo de la mesa. El Dr. Olson siguió orando, y a los pocos minutos el niño recuperó una disposición dulce y amorosa. No volvió a manifestar la misma conducta violenta. Su progreso fue tan notable que pronto fue dado de alta en el hospital y regresó al hogar de acogida. El Dr. Olson siguió administrándole una terapia semanal durante cinco meses.

> No obstante, en septiembre de 1992, dos empleados del ADES presentaron una queja a la ABPE [Consejo de Psicólogos Examinadores de Arizona] aduciendo que el Dr. Olson no era capaz de separar su labor como psicólogo de su ministerio religioso. El 18 de octubre de 1993, el Consejo retiró al Dr. Olson la licencia para ejercer su profesión. El Instituto Rutherford ha presentado una demanda.[31]

Hoy prevalece el supuesto general de que el Creador no es relevante en todo el abanico de la vida. Punto y aparte. La noción de que Dios tenga algo que decir en asuntos que van más allá del ámbito personal, privado, de los que creen en la Biblia, es políticamente incorrecta. Esta manera de pensar se refleja en los que nos dicen: «Está bien oponerse personalmente» a la matanza de niños no nacidos, pero esto «no se puede legislar moralmente». Está bien ser religioso, nos dicen, pero «por favor, en vuestra iglesia, o a título personal». Lo que en realidad quieren decir es que «la autoridad de Dios puede aplicarse en su reino, pero éste no pasa del estacionamiento de la iglesia o de su patio trasero».

En cuanto al eslogan «no se puede legislar moralmente», es cierto, desde luego, si uno quiere decir que la gente no puede ser forzada por ley a ser moral. Pero aunque no se pueda legislar moralmente en este sentido, sí que se pueden legislar consecuencias para prevenir la inmoralidad. Podemos y debemos legislar elementos disuasorios para la conducta inmoral, por el bien de la sociedad. Para eso está la legislación.[32]

Para muchos, la Palabra de Dios, por lo que concierne a discernir entre lo moral y lo inmoral no tiene hoy relevancia en la política pública estadounidense, aunque los padres fundadores de la nación se horrorizarían si supieran que hemos abandonado las directrices de las Escrituras como base de la moral y de la ley en la vida cotidiana y en el gobierno. Entre los primeros estadounidenses se aceptaba que aunque el gobierno del estado no debía mezclarse con el de la iglesia, o viceversa, era vital mostrar adhesión a los principios básicos de la Escritura y del cristianismo en los asuntos civiles para garantizar el éxito continuo de la república. Debido a que esto puede representar hoy una sorpresa para muchos estadounidenses, y también para muchos cristianos, vale la pena echar un vistazo con más detalle.

PRINCIPIO CRISTIANO, GOBIERNO CIVIL Y LOS PRIMEROS ESTADOS UNIDOS

En 1974, dos científicos políticos de la Universidad de Houston, Donald Lutz y Charles Hyneman, se dispusieron a leer prácticamente todos los textos políticos, escritos por estadounidenses, publicados entre 1760 y 1805. Esta empresa incluía todos los libros, panfletos, artículos de periódico y monografías sobre el tema del gobierno civil escritos para el público general de aquel tiempo. Deseaban averiguar qué pensadores europeos eran los que más habían influido en las ideas de los fundadores de la nación, en el periodo conocido como «tiempo de la fundación», cuando se forjaron el primer estado y las constituciones nacionales. Los investigadores pensaron que identificando a los personajes que los fundadores citaban en sus textos descubrirían a aquellos cuyas ideas más habían influido en éstos.

Comenzando con 15.000 textos, y reduciéndolos luego a 2.200 que versaban específicamente sobre asuntos políticos, Lutz y Hyneman identificaron 3.154 citas o referencias a diversas fuentes. Unos diez años después de iniciar su proyecto, sus hallazgos fueron publicados en el *American Political Science Review.* Descubrieron que la fuente más citada por los fundadores de Estados Unidos de América no era europea, sino que provenía de Oriente Próximo: la Biblia. De hecho, el 34 por ciento de todas las citas procedían de esta misma fuente.[33]

Actualmente, cuando se nos dice que es inconstitucional enseñar la Biblia en la clase, o fijar los Diez Mandamientos en la pared de una escuela pública, o incluso exhibir un belén o nacimiento navideño delante de una oficina de correos del estado, sorprende bastante saber que los mismos hombres que instauraron el primer gobierno estadounidense buscaron a menudo en la Biblia dirección y apoyo para sus ideas.

Pero ¿se mezclaron realmente principios del cristianismo con el gobierno civil en EEUU? La historia de este país demuestra claramente que así fue efectivamente. El cristianismo se mezcló libre y abiertamente con los asuntos civiles por 160 años en esta nación —desde 1787, cuando se proclamó la primera constitución, hasta 1947, cuando el Tribunal Supremo resolvió por primera vez en otro sentido—. De hecho, la idea de no mezclar el cristianismo con los asuntos civiles habría sido rechazada enérgicamente por la mayoría de los padres fundadores.

En la década de 1830, el historiador francés Alexis de Tocqueville visitó EEUU para examinar el país. Sus descubrimientos los registró en un libro titulado *La democracia en América*. Los siguientes fragmentos le permitirán saborear aquellos días, unos cincuenta años después de redactarse la constitución, desde la perspectiva de un observador extranjero:

> Desde los primeros asentamientos de los colonos inmigrantes, la política y la religión establecieron una alianza que nunca ha sido revocada. [p. 281]... Yo no sé si todos los estadounidenses tienen una fe sincera en su religión, porque ¿quién puede escrutar el corazón del hombre? Pero estoy seguro de que ellos la consideran indispensable para el mantenimiento de las instituciones republicanas. Esta opinión no es exclusiva de una clase de ciudadanos, o de un partido, sino que pertenece a toda la nación, y a todos los niveles sociales. [p. 286-287]... Los estadounidenses combinan las ideas del cristianismo y de la libertad tan íntimamente en su pensamiento, que es imposible hacerles concebir el uno sin la otra. [p. 287]... Después de mi llegada a los EEUU, el aspecto religioso del país fue lo primero que me llamó la atención; y cuanto más tiempo pasé allí, mejor percibí las grandes consecuencias políticas resultantes de este estado de cosas, a las cuales no estaba acostumbrado. En Francia casi siempre había visto el espíritu de la religión y el espíritu de la libertad avanzar por cauces diametralmente opuestos; pero en EEUU descubrí que estaban íntimamente unidos, y que reinaban juntamente sobre el mismo país. [p. 289] EEUU sigue siendo el lugar donde la religión cristiana ha mantenido el mayor poder real sobre las almas de los hombres; y nada

> demuestra mejor lo útil y lo natural que es para el hombre, ya que el país en el que ella desempeña mayor dominio es también el más iluminado y el más libre... [p. 291].[34]

Así que lo de no mezclar el cristianismo con el gobierno se hunde por su propio peso. George Washington, a veces llamado padre de la patria, dijo en su «alocución de despedida» que la prosperidad política se basaba en dos «baluartes indispensables», a saber, la religión y la moral: «De todas las disposiciones y costumbres que conducen a la prosperidad política, la religión y la moral son apoyos indispensables. En vano reclama el hombre el tributo del patriotismo, cuando se esfuerza por subvertir estos grandes pilares».[35]

John Adams habló llanamente cuando declaró: «No hay gobierno armado de poder capaz de contender con pasiones humanas desbocadas sin el freno de la moral y la religión. Nuestra constitución fue proclamada para un pueblo moral y religioso. Es completamente inadecuada para gobernar a otro tipo de pueblo».[36]

¿Cree usted que la religión que aquellos hombres tuvieron en mente era otra cosa distinta del cristianismo? ¿Cree usted que la moral de que hablaron era otra cosa que la moral definida en la Biblia? Habría que reescribir la historia de esta nación para llegar a otra conclusión.

Considere estas palabras de Woodrow Wilson sobre este tema:

> Sabemos que hay una norma establecida para nosotros en los cielos, una norma que nos ha sido revelada en este libro [la Biblia], que es la norma fija y eterna por la cual nos juzgamos a nosotros mismos... No juzgamos el progreso según normas materiales. EEUU no está más adelantada que otras naciones del mundo porque sea rica. Nada hace a EEUU grande excepto sus pensamientos, sus ideales, la aceptación de las normas de juicio enérgicamente escritas en las páginas de la revelación... Que ningún hombre suponga que el progreso puede divorciarse de la religión, o que hay otra plataforma para los ministros de la reforma que la escrita en las manifestaciones de nuestro Señor y Salvador. EEUU fue una nación cristiana en su nacimiento. Nació para ejemplificar la devoción a los elementos de justicia derivados de la revelación de la Sagrada Escritura.[37]

Hoy se oye mucho hablar de que EEUU es una sociedad pluralista. Si por esto se quiere decir que la población estadounidense está compuesta de muchas creencias, somos ciertamente un grupo pluralista. EEUU es un lugar donde gentes de todas las religiones y persuasiones (hasta el ateísmo), pueden creer libremente lo que decidan. Pero si por pluralismo queremos decir que un sistema particular de creencias, basado en la Biblia, no debería constituir la base de nuestras leyes e instituciones civiles, estaremos tomando una dirección completamente opuesta a la que los padres fundadores tuvieron en mente. Esta modalidad de pensamiento es relativamente nueva, y no se debe asumir que sea un ideal histórico estadounidense. No lo es. E.R. Norman, historiador inglés, dijo que «el pluralismo es una palabra que la sociedad emplea para hacer transición de una ortodoxia a otra».[38]

Este ha sido, ciertamente, el caso de EEUU en los últimos cincuenta años. Algunos pueden pensar que la nación puede recuperar la moral sin tener que instaurar el respeto a la Biblia y a los principios que contiene. Pero George Washington dijo «que la razón y la experiencia no nos permiten esperar que la moral nacional puede prevalecer excluyendo el principio religioso».[39] ¿Dónde cree usted que se hallaba el principio religioso al que él se refería? Precisamente en el libro que los padres fundadores citaron más que ningún otro: la Biblia. El libro que el presidente Abraham Lincoln afirmó declarando: «Por lo que toca a este Gran Libro, tengo que decir que es el mejor regalo que Dios ha hecho al hombre. Todo el bien que el Salvador otorgó al mundo fue comunicado a través de este libro. Si no fuera por él no podríamos distinguir el bien del mal».[40]

Ahora bien, ¿por qué dijo John Adams que nuestra constitución es completamente inadecuada para gobernar a un pueblo que no sea moral y religioso? Porque esta clase de pueblo sabe gobernarse a sí mismo sometido a Dios, y el pueblo que sabe gobernarse a sí mismo en sumisión a Dios no necesita reyes, dictadores o potentados que regulen sus actos. El pueblo que es moral e internamente responsable no necesita el brazo fuerte externo del gobierno o el estado para decirle lo que puede y no puede hacer. El pueblo que sabe autogobernarse o auto-dominarse entiende lo que se exige de él para vivir en paz. Además, el dominio propio no es sólo cuestión de refrenar malos impulsos, sino de iniciar el bien sin ser manipulado a hacerlo. La esencia de la autonomía moral genuina viene motivada por los principios internos de la piedad.

Precisamente, lo que intentaban esquivar los padres fundadores fue el control gubernamental externo, pues no querían que se repitiese la misma historia allende la orilla atlántica occidental. Pero con una población «moral y religiosa», podía funcionar un gobierno «del pueblo». Los individuos capaces de autogobierno moral sometidos a Dios instaurarían la paz, el orden, y como dijo Washington, la «prosperidad política» a una nueva especie de sistema gubernamental. Ésta era una idea revolucionaria basada en la Biblia. La libertad de expresión podía ser confiada a tal ciudadanía, como también la libertad de prensa, e incluso el derecho de portar armas.

Daniel Webster lo resumió del siguiente modo: «Nuestros antepasados establecieron su sistema de gobierno sobre la moral y el sentimiento religioso. Las costumbres morales —creían— no pueden basarse en ningún otro fundamento sino en el principio religioso, ningún gobierno podrá estar seguro si no se sustenta en las costumbres morales. Viviendo bajo la luz celestial de la revelación, esperaban hallar todas las disposiciones sociales, todas las obligaciones que los hombres se deben unos a otros y a la sociedad, reforzadas y ejecutadas. Todo lo que hace a los hombres buenos cristianos, les hace buenos ciudadanos».[41]

En el día de hoy, todavía tenemos la forma de una nación libre, pero estamos rápidamente perdiendo el carácter necesario para mantenerla. Nuestras libertades civiles sólo pueden sobrevivir en tanto en cuanto el pueblo estadounidense sea capaz de gobernarse a sí mismo de una manera moralmente responsable. *Aunque ningún gobierno garante de la libertad puede obligar al pueblo a ser moralmente responsable, sólo el pueblo moralmente responsable puede respaldar a un gobierno que garantice la libertad.* Cuanto más estadounidenses haya que no practiquen el autogobierno moral, mayor riesgo habrá de que todos perdamos las libertades que todavía disfrutamos. La elección es sencilla. O el pueblo estadounidense recupera su capacidad de gobernarse a sí mismo internamente, o el brazo fuerte del gobierno o estado tendrá que actuar y controlarlo externamente. Benjamín Franklin dijo: «Sólo un pueblo virtuoso es capaz de ser libre. Si las naciones se corrompen y se depravan, tienen más necesidad de dueños».[42] Robert Winthrop lo expuso de esta manera en 1852: «Los hombres, en pocas palabras, deben necesariamente ser controlados por un poder interior o por un poder exterior; por la Palabra de Dios o por el brazo fuerte del hombre, por la Biblia o por la bayoneta».[43]

En los EEUU de 1787, cuando fue redactada la constitución, no era irrazonable pensar que los estadounidenses fueran la clase de gente moral y religiosa idónea para que pudiese gobernar un régimen garante de la libertad. Los primeros estadounidenses, especialmente los más educados, eran conscientes de la Biblia, y entendían perfectamente lo que era un autogobierno moral sometido a Dios. Al fin y al cabo, habían sacrificado mucho para alcanzar la oportunidad de ejercerlo libremente.

Esto es lo que Calvin Coolidge dijo al respecto:

> Estados Unidos se convirtió en el lugar de reunión común de toda suerte de individuos, grandes y pequeños, que procuraban librarse de toda clase de despotismo y servidumbre, y establecer instituciones de autogobierno y libertad... El principio de juicio personal en asuntos de religión por el que contendían los ingleses y los holandeses fue lo que hizo posible que la gente común leyera la Biblia. Ellos lograron ver la importancia del individuo, lo que les puso en contacto directo con el Creador. Fue esta concepción aplicada a los asuntos de gobierno lo que hizo al pueblo soberano... La consecuencia lógica de ello fue el hombre libre, educado en una escuela libre, ejerciendo una libre conciencia, manteniendo un gobierno libre. La base de todo, religiosa y lógicamente, es la creencia religiosa.
>
> Estos son los principios fundamentales sobre los que descansan las instituciones estadounidenses... Las colonias estadounidenses defendieron y afirmaron estas verdades perdurables. Las proclamaron en las resoluciones y declaraciones, las defendieron en

el campo de batalla, las promulgaron en sus leyes y las adoptaron en su constitución.[44]

Claro que no todos los primeros estadounidenses eran, desde luego, seguidores de Cristo. Y tampoco eran intachables. Pero el impulso predominante de las colonias y de la nueva nación que se formó se inspiró francamente en la Biblia y el cristianismo. La siguiente declaración oficial emitida por el House Judiciary Committee of Congress, el 27 de marzo de 1854, lo confirma: «Por el tiempo de la adopción de la constitución y las enmiendas, el sentimiento general era que se debía estimular el cristianismo... Ésta era la religión de los fundadores de la república, y ellos esperaban que siguiera siendo la religión de sus descendientes».[45] Y dos meses después, el mismo comité declaró lo siguiente: «El gran elemento conservador, vital para nuestro sistema, es la creencia de nuestro pueblo en las puras doctrinas y divinas verdades del Evangelio de Jesucristo».[46]

El fundamento mismo de la ley, en la infancia del país, se fundó abiertamente en la Biblia, como se observa en los comentarios de William Blackstone, jurista inglés que influyó enormemente en los colonos. Él escribió partiendo del supuesto de que Dios es la fuente de toda autoridad, y que su Palabra prevalece sobre todas las demás, incluso las de los reyes. Sus comentarios se sustentaron claramente en las Escrituras. Esto resulta evidente incluso examinando por encima su obra, que por muchos años fue texto normativo para los abogados instruidos en los antiguos EEUU.

La evidencia histórica del cristianismo como fuerza motriz que impulsó las leyes y las instituciones civiles estadounidenses es tan abrumadora que cuando el Tribunal Supremo de los Estados Unidos tuvo ocasión de examinar este asunto, en el caso de la Iglesia de la Santa Trinidad contra Estados Unidos (1892), el tribunal dictaminó la siguiente declaración, citando nada menos que ochenta y siete precedentes:

Nuestras leyes e instituciones deben necesariamente basarse en y encarnar las enseñanzas del Redentor de toda la humanidad. Es imposible que sea de otro modo; y en este sentido y medida,

> nuestra civilización e instituciones son enfáticamente cristianas... Este es un pueblo religioso. Esto es históricamente verdadero. Desde el descubrimiento de este continente hasta la hora presente, hay una sola voz que hace esta afirmación... por todas partes hallamos el claro reconocimiento de la misma verdad... Éstos, y otros muchos asuntos que se pueden tener en cuenta, suman un volumen de declaraciones oficiosas a la masa de manifestaciones orgánicas que confirman que ésta es una nación cristiana.[47]

Muchas personas se sienten incómodas con la expresión «nación cristiana» y por una buena razón. La expresión contiene un término inapropiado en el sentido de que un país nunca puede ser «cristiano». Sólo ciudadanos individuales de las naciones pueden ser cristianos. Pero al usar este lenguaje descriptivo tocante a EEUU, el tribunal no quería decir que todo el mundo nacido en este país fuera seguidor de Cristo, ni tampoco que esta nación existiera exclusivamente para los cristianos, ni que ninguna otra religión fuera libremente practicada en EEUU. Lo que el tribunal de 1892 sí dijo claramente es que «nuestras leyes e instituciones deben necesariamente basarse en y encarnar las enseñanzas del Redentor de toda la humanidad... y en este sentido y medida, nuestra civilización e instituciones son enfáticamente cristianas».

Pero afirmar hoy que nuestra cultura es «enfáticamente cristiana» es una blasfemia. Nuestras leyes derogadas ya no se basan en las enseñanzas de Jesús, como dijera un día el Tribunal Supremo que debía ser. Pero el punto principal de este capítulo es éste: una vez se pensó que así debía ser. La cuestión que surge naturalmente es ¿por qué hoy se oye hablar tanto de «separación entre iglesia y estado?».

Esto merece especial consideración.

SEPARACIÓN DE IGLESIA Y ESTADO

Pregunte al hombre de la calle de dónde procede la expresión «separación de iglesia y estado» y probablemente le responderán que de la constitución de los EEUU. Pero, después de todo, hoy se nos recuerda machaconamente que es inconstitucional mezclar el cristianismo con el gobierno civil. El hombre de la calle le puede responder que la frase procede de la primera enmienda de la constitución.

Pero en realidad, ésta bien conocida frase, que suele aparecer en nuestros diarios y parece estar grabada en las mentes de todos los estadounidenses, no aparece en absoluto en la constitución, ni en el documento redactado en Filadelfia en 1787, ni en la primera enmienda adoptada después por el Congreso en 1787. Lo que realmente dice la primera enmienda, tocante al asunto de la religión, es que «el Congreso no promulgará ninguna ley respecto al establecimiento de la religión, ni prohibirá el libre ejercicio de ella».

Pero a pesar de que las palabras «separación de iglesia y estado» no aparecen en la constitución, hay una verdad importante contenida en el concepto de separación de iglesia y estado que los padres fundadores discernían muy bien. Ellos reconocieron sabiamente que ningún hombre puede ser forzado a observar una creencia religiosa particular, y el Congreso tiene prohibido intentar siquiera hacer tal cosa. Habían visto suficiente imposición religiosa en Europa y sus efectos negativos. EEUU debía ser un lugar en el que el hombre fuera libre para decidir por sí mismo a qué iglesia quería pertenecer. Más aún, EEUU sería un lugar en el que un hombre podría escoger no formar parte de ninguna iglesia, si así lo decidía.

La primera enmienda fue específicamente adoptada para garantizar el derecho a no estar sujeto a coerción por la iglesia a través de medios civiles. Fue diseñada para evitar que ninguna denominación cristiana particular controlara a las demás mediante el poder del estado. Y al mismo tiempo, se prohibía perennemente al Congreso interferir en el derecho del pueblo estadounidense a ejercer libremente sus convicciones religiosas como individuos. No obstante, la primera enmienda no tuvo ciertamente la intención de divorciar los principios cristianos del gobierno civil.

Sí, hay una justa separación de iglesia y estado en el sentido de función y jurisdicción. La iglesia no debía administrar justicia a los transgresores. Esta obligación incumbía al gobierno civil.

El gobierno civil no debía bautizar a los creyentes. Esta obligación incumbía a la iglesia. La iglesia no debía dominar en el estado al igual que el estado no debía interferir en los asuntos de la iglesia. Aunque el gobierno de Dios se extiende sobre todas las cosas en el cielo y en la tierra, incluidas la iglesia y el estado, el gobierno de la iglesia tiene límites definidos que no debe traspasar. La Biblia no enseña una eclesiocracia, o «dominio de la iglesia», sobre otras instituciones, como la familia o el estado. No obstante, Dios desea que tanto las iglesias como los gobiernos civiles funcionen bajo su autoridad. Ambos tienen que rendir igualmente cuentas a Dios.

No se puede separar a Dios del gobierno civil como tampoco del gobierno de la iglesia. Él es igualmente Señor de ambos. Al mismo tiempo, se puede y se debe separar el gobierno de la iglesia del gobierno civil. Aquí se esconde la clave de alguna confusión, aun entre los cristianos. Hay una gran diferencia entre separación de iglesia y estado, y separación de Dios y gobierno. Entonces, usted se podrá preguntar, si los padres fundadores no abogaron por separar los principios cristianos del gobierno civil, ¿de dónde procede la frase «separación de iglesia y estado» y por qué se interpreta hoy en el sentido de una separación de los principios cristianos de los asuntos civiles?

La frase «separación de iglesia y estado» procede de una breve carta escrita por Thomas Jefferson, en respuesta a un grupo de bautistas de Danbury, Connecticut, quienes oyeron un informe falso de que el gobierno nacional iba a erigir la denominación congregacional denominación oficial de EEUU. Jefferson aseguró a los bautistas que no tenían nada que temer, que había un «muro de separación entre la iglesia y el estado». Esto es verdad, en términos de las respectivas esferas de función y jurisdicción. Pero hoy, la frase «separación de iglesia y estado» ha venido a ser, en esencia, una exigencia bastante burlona para que se elimine todo vestigio de cristianismo de los asuntos civiles. ¿Es esto lo que Jefferson tuvo en mente? Si así fuese, ¿cree usted que el presidente habría enviado este mensaje a los bautistas de Danbury? Claro que no. Ciertamente, él no habría querido polemizar con un grupo de bautistas para decirles que los principios cristianos básicos no tienen cabida en el gobierno civil. No en 1802.

La interpretación actual de la doctrina de la separación de iglesia y estado es una interpretación relativamente nueva de los tribunales que no tiene precedente histórico antes del siglo XX. Pero desde 1962 hemos asistido a muchos casos en los que el Tribunal Supremo ha esgrimido esta interpretación para justificar decisiones que los propios autores de la primera enmienda habrían considerado con sorpresa y estupefacción.

¿Separación de iglesia y estado? Sí. Es decir, en términos de función y jurisdicción. ¿Separación de Dios y gobierno? Según la cosmovisión bíblica eso no es posible. Toda autoridad terrenal viene de Dios, incluida la autoridad cuya decisión condujo a la crucifixión de Jesús (Juan 19:10-11).

No es por accidente que las iglesias estadounidenses hayan tenido una oportunidad única de florecer fuera de la intromisión civil. No es tampoco por accidente que las iglesias estadounidenses estén exentas del pago de impuestos. Las iglesias han recibido toda ventaja posible de prosperar por el propio interés de la nación. Esto tiene mucho sentido cuando uno se da cuenta, como hizo John Adams, que el futuro entero del sistema estadounidense estriba en la existencia continua de un cuerpo de personas que practican el autogobierno moral sometidas a Dios. ¿Cómo podría tal pueblo tener un futuro asegurado a menos que la iglesia tuviera libertad para desempeñar su labor animando y equipando a la gente a vivir su cristianismo en los hogares, escuelas y comunidades estadounidenses?

En los primeros días de EEUU, éste era uno de los principales propósitos que impulsaban a las escuelas. A decir verdad, las escuelas eran normalmente una extensión de la iglesia. En la década de 1830, cuando de Tocqueville llegó de Francia para conocer EEUU, constató que «casi toda la educación había sido confiada al clero».[48] Muchas escuelas habían sido fundadas por cristianos para fines cristianos. Con la excepción de la universidad de Pennsylvania, toda institución colegiada fundada en las colonias antes de la guerra revolucionaria fue establecida por alguna rama de la iglesia cristiana. Entre ellas se encuentran las universidades de Harvard, Yale, Princeton, Dartmouth y Rutgers. Y después de la guerra revolucionaria, la plantación de escuelas cristianas continuó.

Uno de los educadores estadounidenses más importantes, Noah Webster (nacido en 1758) sintió fuertemente que la educación debía jugar un papel fundamental para conformar el carácter de autogobierno moral del pueblo estadounidense. Dijo que «la educación de la juventud debía ser vigilada con escrupulosa atención. La educación, en gran medida, forma el carácter moral de los hombres y la moral es la base del gobierno». Y añadió: «Es mucho más fácil introducir y establecer un sistema eficaz para la preservación de la moral, que corregir mediante estatutos penales, los efectos negativos de un mal sistema».[49] ¡Cuán cierto es!

Una vez más, puede estar seguro de que la moral a la que se refería Webster se basaba específicamente en la Biblia, y también, que Webster creía que el cristianismo se debía mezclar con el gobierno civil. Él afirmó que la Biblia es «ese libro que el Creador benevolente ha provisto con el propósito expreso de guiar a la razón humana por la senda de la seguridad, el único libro que puede remediar, o esencialmente mitigar, los males de un mundo licencioso».[50]

En una carta escrita el 25 de octubre de 1836 a David McClure, Webster escribió estas palabras notables:

> Ninguna verdad es más evidente a mi mente que la de que la religión cristiana debe ser la base de todo gobierno que pretenda asegurar los derechos y privilegios de un pueblo libre... La fundación de todo gobierno libre y de todo orden social debe descansar en las familias y en la disciplina de la juventud. A los jóvenes no sólo se les debe proporcionar conocimiento, sino que se les debe inculcar la subordinación y estar sujetos a la autoridad e influencia de buenos principios... Y cualquier sistema educativo... que limite la instrucción a las artes y las ciencias, y rechace la ayuda de la religión para formar el carácter de los ciudadanos, es esencialmente defectuoso.

Haríamos bien hoy en tomarnos en serio las palabras de Webster.

RESUMEN DEL CAPÍTULO SEIS: PERSONAS, LUGARES Y CONCEPTOS CLAVE

La privatización del cristianismo
El Reino de Dios
Las jurisdicciones características de la iglesia y el estado

Para la profundización y el debate

1. Comente las consecuencias concretas de limitar el ámbito «sagrado» de la vida a las actividades relacionadas con la iglesia o actividades de naturaleza eterna.
2. Clarifique el significado de «separación de iglesia y estado» por lo que concierne a la cosmovisión bíblica.
3. Explique por qué Noah Webster y otros dirigentes estadounidenses antiguos creyeron que el cristianismo era esencial para el éxito del experimento estadounidense en el gobierno civil.
4. ¿Qué influencia ha tenido la noción de «religión privada» en la educación pública estadounidense?

CAPÍTULO SIETE

LA EDUCACIÓN HEBRAICA

George Bush padre hizo algo que ningún otro presidente de EEUU había hecho. Convocó a los gobernadores de la nación para promover una reforma educativa, dirigiendo la atención nacional a la penosa situación de las escuelas públicas. Nunca en la historia del país se ha debatido tanto en torno a la necesidad de una reforma de la educación como desde la década de 1980. El clamor no sólo ha provenido de críticos de la escuela privada, sino incluso de los educadores públicos y de la comunidad empresarial del país, quienes admiten acongojados que tenemos un grave problema entre manos.

Pero la raíz del problema educativo no se puede arrancar a fuerza de mandatos legislativos. El problema que subyace en un sistema escolar que está fracasando es el mismo que afecta a nuestros hogares. Es un problema de decadencia ética, declive moral y pérdida de visión espiritual. Una reforma educativa efectiva y duradera exige una reforma ética, moral y espiritual, que provoque un cambio de supuestos, y a partir de ahí, una transformación en el proceso educativo.

Entre tanto, los educadores buscan modelos educativos que produzcan buenos frutos. En vista de la necesidad presente, cabe plantear la pregunta: «¿qué puede ofrecer el modelo hebreo a los educadores contemporáneos?».

Aunque la Biblia no hace mucha referencia directa a las escuelas, tiene cosas muy importantes que decir acerca del aprendizaje, el conocimiento, los alumnos y los maestros. La tradición hebraica tiene también mucho que decir acerca de estas cosas. Los comentarios que se hacen en este capítulo son un intento para describir la esencia del modelo hebreo, no necesariamente la forma a través de la que este modelo se pueda expresar. Es decir, se sugieren ciertos principios, aunque su expresión particular pueda adoptar una variedad de formas, tamaños y ambientes, tanto en lo público como en lo privado. Al fin y al cabo, la esencia de la filosofía de la vida y de la educación es lo que distingue al modelo hebreo de otros, lo que insufla en él un espíritu distinto al que hoy nos hemos acostumbrado. Es de distinta especie del que uno encontraría en la Grecia clásica.

El historiador griego Plutarco dice de Esparta que era un lugar en el que «no se permitía a nadie vivir a su antojo; la ciudad era una especie de campamento en la que todo hombre... se sacrificaba por los intereses de su país». Esto nos da una idea del objetivo que buscaba la educación en Esparta. El teólogo William Barclay ha dicho que la educación en Esparta tenía «por finalidad anular al individuo para servir al estado».

En Atenas, por supuesto, las cosas eran muy distintas. En la tierra de los filósofos y artistas librepensadores, el individuo era cualquier cosa menos obliterado, y la educación servía para otro propósito. Mientras que la educación espartana estaba completamente regulada por el estado con objeto de instruir a los ciudadanos para servir a su país, la educación ateniense era casi exclusivamente individualista. Las escuelas eran organizadas por la empresa privada, sin ninguna cortapisa en cuanto a la materia a enseñar, aunque muchas escuelas preferían enseñar literatura, música y gimnasia. Barclay afirma que la educación en Atenas tenía por objeto «instruir al individuo para servir a la cultura».

Para el hebreo antiguo la educación tenía un propósito muy distinto. Entre los judíos, escribe Barclay, la educación tenía por objeto «instruir al individuo para servir a Dios».[51]

Pero tanto Esparta como Atenas, o Jerusalén, las tres tienen algo en común: las convicciones, los valores y las metas más importantes que abraza un grupo de personas se convierten en fuerza motriz que impele la educación de una nueva generación. El espíritu auténtico de un método educativo brota de una filosofía de la vida.

Con esto en mente, no sorprende que el modelo bíblico educativo para una generación subsiguiente comience con la familia, en el contexto del hogar, donde dos personas, un padre y una madre, comprometidos en amor mutuo hasta que la muerte los separe, reciben a sus hijos como adición temporal en su hogar para criarlos e instruirlos en autogobierno y sumisión a Dios. Esto se hace para que un día el hijo o la hija salgan de casa confiados y alegres. Por tanto, el modelo hebreo de educación comienza con unos padres que sienten la responsabilidad de modelar una arcilla blanda: criar hijos capaces de discernir moralmente, ejercer dominio propio, dejarse enseñar y estar dispuestos a aprender.

Los hogares que funcionan adecuadamente constituyen el fundamento de un sistema educativo eficaz. Cuando los hogares se deshacen, se hunden las escuelas. No cabe esperar reparación en las escuelas si no hay reparación en el hogar. Intentar tal cosa es como poner en la cocina baldosas nuevas sobre un suelo de madera podrida.

¿Ha pintado usted alguna vez una casa? ¿O ha instalado un suelo nuevo en la cocina? Si lo ha hecho, entenderá lo que significa «preparar». Rascar la pintura vieja y sellar puertas y ventanas con cinta adhesiva, o retirar la vieja capa del suelo y sustituir la madera dañada que hay debajo suelen ser las partes más difíciles de la renovación.

Cuando se trata de educar a niños, la labor preparatoria no se puede minimizar o subestimar. Preparar la enseñanza de los niños supone instruirles en destrezas básicas, como escuchar cuando habla un adulto, honrar a quien les enseña, obedecer con prontitud, respetar a otros y ejercer autocontrol. Los niños no nacen con estas cualidades incorporadas. Pero son destrezas fundamentales de aprendizaje que pueden y deben estar operativas en los niños normales, debidamente instruidos en casa, antes de recibir una educación formal.

Muchos lectores podrán decir: «Esto suena muy bien, pero no es real en la cultura occidental actual». Tienen razón, desde luego. Éste es precisamente el quid de la cuestión. Recuerde, no estamos buscando modelos en la cultura occidental actual. La cultura actual es el problema, no la solución. Hablamos de cambiar las cosas. Además, cuantos más padres jóvenes «rechacen» el modelo parental posterior a la Segunda Guerra Mundial, cuyo centro es el niño, que ha engendrado la generación más destructiva y egoísta de la historia de occidente, mayor número de padres hablará de un enfoque distinto, que contemple lo que se ha comentado anteriormente como normal. Lo cual nos conduce al segundo elemento principal del modelo hebreo, a saber, una comunidad de familias que comparte la misma cosmovisión, aplica las mismas normas parentales y persigue los mismos fines en el aprendizaje.

Más raro aún que dar con una familia que practique un enfoque bíblico en la crianza y el aprendizaje es hallar una comunidad de tales familias.

Pero si se cuenta con esto, se tiene potencial para cultivar un tipo de educación dinámica. Un tipo de educación en el que la «escuela» no ocupe el centro, per se, sino más bien la comunidad, que constituye colectivamente un cuerpo de participantes responsables. Hemos de ser conscientes de que educar a una nueva generación tiene lugar en un contexto mucho más amplio que la mera relación alumno-maestro.

Con esto como telón de fondo, echemos un vistazo al tercer elemento mencionado, a saber, propósitos comunes de aprendizaje. El objetivo principal del aprendizaje, según Proverbios, es adquirir sabiduría y entendimiento: «Sabiduría ante todo; adquiere sabiduría; y sobre todas tus posesiones adquiere inteligencia» (Proverbios 4:7). No debe confundirse la sabiduría con la capacidad o destreza intelectual. Es perfectamente posible que una persona tenga un alto coeficiente intelectual y, sin embargo, sea muy necia. Lo contrario también es verdad. Los «listos» no son necesariamente los inteligentes. Pues bregando por hacerse listos muchos han logrado dar con una necedad educada. Muchos ya no saben cómo deben vivir.

A este respecto, se ha separado la escuela de la vida, y el aprendizaje de la vida diaria. Pero el modelo hebreo no permite esto. El significado mismo de la palabra sabiduría exige algo muy distinto.

Abraham Heschel, respetado autor judío, escribió en cierta ocasión: «Para nosotros, la sabiduría consiste en mirar todas las cosas desde el punto de vista de Dios».[52] Este es un punto de partida muy distinto al de Sócrates, Platón y Aristóteles. Para los griegos, la educación empezaba y terminaba en el hombre y sus afanes. Ya fuera el individuo, como en Atenas, o el colectivo, como en Esparta, el hombre era la medida de todas las cosas, incluida la educación. «Conócete a ti mismo», era la máxima del filósofo griego, mientras que «conoce a Dios» era la del hebreo.

Este conocimiento de Dios y el valorar todas las cosas desde su punto de vista requería conocer lo que Él dice y lo que piensa. El proceso comenzaba muy pronto en la vida del niño hebreo. La instrucción formal normalmente se iniciaba en el hogar, cuando el niño tenía unos tres años. A los cinco, se iniciaba el estudio de la Biblia hebrea. Pequeños pergaminos, confeccionados especialmente para el uso de los niños, contenían las siguientes porciones de Escritura: Shema (Deuteronomio 6:4-9; 11:13-21; Números 15:37-41); Hallel (Salmos 113-118); el relato de la creación, la Caída y la genealogía desde Adán hasta Noé (Génesis 1-5); y la esencia de la ley levítica (Levítico 1-8).

Estos pasajes contienen los elementos básicos de la cosmovisión bíblica: el origen de la vida mediante el acto inteligente de un Creador personal e infinito; la identidad del hombre como portador de la imagen de Dios, aunque distorsionada por el pecado; su llamamiento a una mayordomía responsable sobre la tierra; la suprema autoridad de Dios y la ley moral absoluta, no negociable, que se ha de reconocer y aceptar, no determinar por sí mismo; la importancia de una relación de amor con Dios; el papel de los padres como maestros de sus hijos; la promesa de bendición sobre los que le aman y le sirven; la necedad de servir a ídolos; y más.

Puede estar seguro de que estas Escrituras no sólo se memorizaban. Se esperaba de los padres que instruyeran a sus hijos cuando estaban sentados en casa, yendo por el camino, al acostarse y al levantarse (Deuteronomio 6:7). Era el deber de los padres adoptar un papel activo en la instrucción de sus hijos, como se esperó al principio de Abraham, hombre que Dios sabía que mandaría a sus hijos, para que Israel llegara a ser una nación poderosa (Génesis 18:19).

Esto no quiere decir que toda instrucción haya de venir del padre, pero, como señala Abraham Heschel, cualquier maestro fuera del hogar tenía que ser considerado como representante del padre.[53] Con esto en mente, cabe entender que la primera pregunta que un judío se habría hecho acerca de un maestro no hubiera sido «¿qué clase de erudito es ése?», sino «¿qué clase de persona es?». Después de todo, un discípulo bien instruido por su maestro no tenía la cabeza llena de los mismos datos, sino que era realmente como su maestro (Lucas 6:40). Debido a lo antedicho, el modelo hebreo no sólo concede prioridad al respeto genuino del alumno por el maestro como a quien debe honra y atención en todo momento, sino también concede prioridad a la respetabilidad genuina del maestro como tipo de persona que los padres no dudarían que sus hijos imitasen, ya que ejemplifica el carácter moral que ellos desean inculcar en sus hijos e hijas.

El modelo de educación hebreo descansa sobre una base moral, no académica. Es decir, la virtud [excelencia moral] es el fundamento sobre el que se asienta toda destreza y aptitud académica. Pues el conocimiento separado de la virtud es vanidad. Peor aún, el conocimiento desprovisto de virtud equivale a violar el buen sentido. Como alguien ha dicho con acierto: «Hay suficientes necios educados en el mundo».

Con esto no pretendemos afirmar que los datos no sean importantes, ni que la transferencia de información no sea valiosa, ni que la formación intelectual sea mala. Por supuesto que no. No obstante, para muchos estadounidenses la educación es poco más que transferencia de información, con lo que el aprendizaje queda reducido a mera acumulación de datos, o al desarrollo de ciertas destrezas físicas y mentales. Marvin Wilson, en *The Jewish Concept of Learning: A Christian Appreciation*, señala:

> En el mundo griego, la enseñanza consistía principalmente en la transferencia de conocimientos en los campos intelectual y técnico, p. ej., la música, el arte, la equitación, la lectura o la esgrima. De este modo, el maestro enseñaba a su discípulo ciertas reglas o procedimientos que le podrían ayudar a desarrollar alguna aptitud que el alumno poseyese. Si su facultad de razonamiento necesitaba ser cultivada, se le proporcionaban ejercicios intelectuales; si su cuerpo necesitaba entrenamiento, se acentuaban el deporte y el ejercicio físico; si era necesaria una mayor destreza manual, se enseñaba arte o escultura. En suma, en la literatura griega secular, el *didaskalos*, o «maestro», procuraba principalmente desarrollar los talentos y potencialidades de su discípulo. A diferencia del mundo judío, su enseñanza no se preocupaba normalmente del desarrollo de la personalidad integral del alumno ni de su educación en el sentido más profundo.[54]

Los educadores modernos han impartido la idea griega de que los alumnos se educan desarrollando sus capacidades mentales y sus destrezas racionales o técnicas. Pero considerar tales cosas prioritarias en la educación en tanto se descuida la virtud personal es, como dice Webster, «esencialmente defectuoso».

No es cuestión de recalcar la una o la otra, sino de enfatizar ambas, entendiendo que el conocimiento y la virtud se complementan, son como la mano y el guante. El conocimiento es el guante, y la virtud es la mano que lo llena, lo dirige y lo usa para el debido propósito.

No sorprende que en una atmósfera en la que la virtud es la base del conocimiento se halle realmente mucho de éste. En un ambiente en el que los estudiantes practican principios de autogobierno (p. ej., dominio propio), no sólo puede un maestro enseñar mucho, sino que los alumnos pueden aprender mucho. Es un elemento que se echa en falta actualmente en muchas escuelas estadounidenses, aunque en los primeros años de la nación se consideraba bastante normal.

Llegados a este punto, será útil echar un breve vistazo a la educación estadounidense. No sólo se esperaba que la virtud formara parte de la educación, sino que los primeros ciudadanos tenían otro motivo para aprender que debía ser incluido en el modelo bíblico, a saber, la preparación de las personas para una mayordomía responsable, sometiendo a Dios la vida entera, pública o privada, civil o doméstica. Podemos aprender mucho del ejemplo de la antigua educación estadounidense.

¿SABÍAN LOS PURITANOS ALGO QUE NOSOTROS NO SABEMOS?

Cuando uno oye la palabra «puritano», ¿qué le viene a la mente? Cualquier cosa que sea, probablemente, nada positivo. Esto ilustra el infortunado hecho de que en la mentalidad de muchos estadounidenses los puritanos son gente que no se debe imitar. Generalmente, se piensa que era gente mojigata, anticuada, adicta al trabajo, contraria al sexo, opuesta a la risa y la diversión y opresivamente legalista.

Pero lo cierto es que los puritanos han sido víctimas de difamación histórica. Como Leland Ryken, profesor de lengua inglesa en Wheaton College, manifiesta: «Ningún grupo de personas ha sido tan injustamente vilipendiado en el siglo XX como los puritanos. En consecuencia, se habla de los puritanos con gran y arraigado bagaje de prejuicio cultural».[55] Ryken expone en términos muy concretos qué aspectos de la imagen que tenemos de los puritanos son verdaderos y qué aspectos no lo son, con abundante cantidad de fuentes documentales. La verdad es que la idea que tenemos de esa gente suele ser muy equivocada.

Aunque no sería bueno exaltar en demasía a los puritanos, todos los estadounidenses les deben estar agradecidos. Haríamos bien en examinar más de cerca lo que realmente creían y cómo se comportaban. Esto es especialmente válido cuando se buscan ejemplos históricos del planteamiento hebraico de la educación, ya que no hay mejor ejemplo de pueblo que insuflara una filosofía bíblica de la vida a la educación que el de los puritanos.

Cuando John Milton, el famoso poeta y polemista puritano de la Inglaterra del siglo XVII, expresó sus ideas sobre la educación, dijo: «El fin del aprendizaje es reparar las ruinas de nuestros primeros padres para recuperar un conocimiento cierto de Dios, y a partir de este conocimiento, amarle, imitarle y asemejarse a Él todo lo posible, mediante la posesión de la virtud en el alma ... ».[56] Las palabras de Milton captan la esencia del modelo hebreo. No habla de la educación como medio para desarrollar la mente, el talento y la potencialidad del individuo, sino que la contempla en términos de la clase de persona que debe llegar a ser el alumno.

Sin embargo, Milton no aboga por una especie de apartamiento místico, introspectivo, religioso, de la vida. Sus motivos para «imitar a Dios» son muy prácticos y realistas: «Abogo, pues, por una educación completa y generosa que capacite al hombre para actuar justa, hábil y magnánimamente, en todos los cargos, públicos y privados, en la paz y en la guerra».[57]

Es imposible abarcar más. Tal era la visión puritana de la vida. Se sentían compelidos por el deseo de implementar una aplicación pura, práctica, del cristianismo en todos los aspectos de la vida, pública o privada, en el hogar, la iglesia, el trabajo y los asuntos civiles. Se opusieron a los aderezos religiosos de la Iglesia de Inglaterra pagando un gran precio, y muchos emigraron al Nuevo Mundo para ver cumplido su sueño.

A resultas de ello, la educación puritana procuró preparar además de padres y pastores piadosos, funcionarios y ciudadanos piadosos de todo tipo, con integridad moral para gobernar justa y armoniosamente, sometidos a Dios. De este modo, la persona era un ciudadano verdaderamente beneficioso y miembro productivo de la sociedad.

Se esperaba del puritano una implicación social y cultural, consecuencia natural de una cosmovisión que contemplaba la vida entera como sagrada, y todas las cosas bajo el dominio de Dios. No haber participado en la cultura se habría considerado irresponsable. Y por lo que respecta al experimento puritano estadounidense colonial, sabían que los ojos del mundo estaban sobre ellos. Por este motivo John Winthrop declaró: «Debemos considerar que seremos como una ciudad asentada sobre una colina». En el Nuevo Mundo tuvieron oportunidad de poner en práctica su cosmovisión y no la perdieron.

Por eso no sorprende que los puritanos distinguieran valores en todas las esferas del conocimiento y no se limitaran a los llamados intereses religiosos. La división sagrado-secular estuvo felizmente ausente de su mentalidad, por eso se lanzaron en pos de todo tipo de estudio legítimo, manteniendo todo sujeto a la autoridad suprema de la Escritura. Gracias a su afirmación de la creación, los puritanos lograron una apreciación ponderada de los aspectos físico y espiritual de la vida. De modo que no sólo valoraron el estudio de textos sino también la manufactura de bancos. En manera alguna rebajaron ellos el trabajo manual, sino más bien fueron capaces de decir, como dijo uno de ellos, que un cristiano puede considerar «su taller y su capilla lugares santos».[58]

Hemos de notar aquí lo que se decía de los artesanos y artistas que hacían el mobiliario y las vestiduras para el Tabernáculo de Moisés: habían sido dotados de espíritu de sabiduría (Éxodo 28:3). Esto nos ayuda a entender que la sabiduría es más que pensamiento o palabras vocalizadas, pues también puede encontrar canal de expresión a través de la maestría artesanal. Más aún, todo trabajo es una tarea sagrada cuando se hace como «para el Señor» (Colosenses 3:23), ya sea pintura o predicación.

Los puritanos fueron intensamente motivados por el deseo de dar a Dios la honra que le corresponde en la vida entera. Aunque a veces su celo sacó lo mejor de ellos y produjo un extremismo infortunado en ciertos aspectos, en la mayoría de las cosas anduvieron bien encaminados. Por lo que respecta a la educación, las generaciones actuales harían bien en recordar su propósito. Si la legítima jurisdicción de Dios cubre todas las facetas de la ley, la política, la empresa, la ciencia, las artes, el trabajo y la familia, la función de la educación es bastante obvia. Hoy, más que nunca, tenemos necesidad de pastores y maestros bíblicos piadosos, pero también de abogados, políticos, diplomáticos, jueces, médicos, economistas, educadores, artistas, carpinteros, mecánicos y vendedores de automóviles usados que entiendan que sus empleos son modalidades honorables de representar los caminos de Dios en la vida cotidiana.

Un modelo de educación basado en la Biblia debe preocuparse de aplicar la sabiduría en cada rama de la enseñanza. Daniel, el hebreo que sirvió a cuatro reyes de Babilonia, demostró inteligencia «en toda sabiduría, [él y sus compañeros fueron] sabios en ciencia y de buen entendimiento» (Daniel 1:4). Los cristianos actuales deben interesarse en equipar a la siguiente generación para prestar el servicio excelente de Daniel en el mundo en que vivimos.

En el caso de Daniel, se requerían tres años de educación intensiva en la lengua y literatura caldeas para prepararse para el servicio personal del rey Nabucodonosor. Al finalizar ese plazo, Daniel y sus amigos fueron hallados diez veces mejores que todos los magos y astrólogos en todo asunto de sabiduría e inteligencia que el rey les consultó (Daniel 1:20). El sabio consejo de Daniel fue requerido por reyes que no conocían a Dios, porque incluso los incrédulos aprecian la sabiduría genuina cuando se topan con ella. Lo mismo sucede hoy.

Para que los seguidores de Cristo ocupen posiciones influyentes en nuestra cultura, además de la Palabra de Dios deben entender también «la lengua y la literatura de los caldeos». Por ejemplo, para volver a causar algún efecto en el gobierno civil, debemos hacerlo con hombres y mujeres preparados e instruidos, que entiendan la lengua y la literatura del proceso político, el sistema económico, la historia de EEUU, los asuntos internacionales y las relaciones públicas. Necesitamos más que a esa gente que dice: «Vótame porque soy cristiano». Ser cristiano no basta. Y para que nuestro ordenamiento legal recupere normas piadosas (y así debería ser), tenemos que tener jueces y legisladores que no sólo entiendan la lengua y la literatura de nuestro sistema legal, sino que además sean capaces de hablar con una sabiduría diez veces mayor que todos los magos y astrólogos de nuestros tribunales actuales.

Si ha habido alguna vez un tiempo en el que los seguidores de Cristo deben salir de sus trincheras es éste. El propósito de la educación debe estar dirigido a equipar a la persona integral para implantar la justicia, la paz y el gozo del reino de Dios en nuestras vidas y en todas las esferas de la realidad que nuestras manos y mentes cultiven, ya se trate de la industria aeroespacial o de una fábrica de patatas fritas, el mundo de las artes o el Tribunal Supremo de los EEUU. Los cristianos, especialmente, deberían cultivar una creatividad vibrante, porque conocen y aman al Dueño en persona. Esto es lo que dio a los puritanos propósito de vida, sentido e importancia.

El interés de los antiguos estadounidenses por la educación como medio para honrar a Dios en todo el espectro de la vida fue lo que les movió a fundar centros educativos. Yale, por ejemplo, fue fundada en 1701 para ser una institución que formara «jóvenes en las artes y las ciencias, para que por medio de la bendición del Dios Todopoderoso fueran aptos para desempeñar cargos públicos, tanto en la iglesia y como en el estado civil».[59]

En determinado momento, el principio rector de los primeros educadores estadounidenses comenzó a cambiar, y hoy resulta difícil creer que las escuelas que esta gente creo con su esfuerzo provinieran del cristianismo basado en la Biblia. A medida que la privatización del cristianismo y la atención desequilibrada al más allá se fueron infiltrando en el pensamiento de los cristianos, sus efectos en la educación fueron debilitantes y de largo alcance. A medida que el pueblo de Dios dejó de implicarse en asuntos civiles y culturales, se coló un espíritu muy distinto que acabó ocupando el vacío.

¿CÓMO NOS DESVIAMOS TANTO DEL CAMINO?

En los EEUU coloniales no se distinguía entre escuelas privadas y públicas desde un punto de vista «secular» y «religioso». Básicamente, todas las escuelas, públicas o privadas, se fundaban en la idea de que la religión y la educación eran inseparables.

Según fue pasando el tiempo, la prominencia del puritanismo fue disipándose a medida que la marea alta de la Ilustración fue alcanzando las orillas del Nuevo Mundo, lo que condujo finalmente a un rechazo de la fe basada en la revelación y una aceptación de la fe basada en la razón. La fe basada en la razón se infiltró en el cristianismo en forma de deísmo. El deísmo afirmaba que aunque Dios había creado el mundo, al mismo tiempo había dotado al hombre de una mente con la que decidir lo que estaba bien o mal, apoyándose en su propia razón. La Biblia sólo era verdadera en la medida que estuviera en consonancia con la razón. Los deístas negaban que las Escrituras fueran la Palabra infalible de Dios, y no aceptaban la doctrina de la Caída ni la redención a través de Cristo.

El deísmo incorporó la idea de que el mundo estaba regido por la «ley natural». Según la concepción deísta, Dios sólo fue necesario para hacer marchar las cosas al principio. Una vez que esto se hubo conseguido, Él se hizo a un lado y dejó que el mundo siguiera su curso, y las cosas funcionaron de manera bastante «natural», mientras el hombre descubría la moral y la bondad a través de su propio sentido del bien y del mal. Siguiendo el supuesto de que la razón era plenamente adecuada para guiar a la verdad, el deísta finalmente se deshizo de Dios y de la Biblia de un plumazo. Para él, la autoridad suprema no radicaba en una fuente de revelación objetiva, p. ej., la Biblia, sino en las manos del hombre y en la «Naturaleza».

La sustitución de Dios y la Biblia por la «Naturaleza» [con N mayúscula] en los siglos XVIII y XIX fue un factor crítico en el cambio de rumbo que adoptó el pensamiento occidental, tal como había sido para los griegos unos dos mil años antes. El deísmo del siglo XVIII condujo a una diversidad de «ismos», entre ellos el darwinismo, el humanismo, el pragmatismo social y el existencialismo.

Sólo hizo falta salvar un pequeño peldaño para pasar del deísmo al darwinismo. Al fin y al cabo, si Dios sólo había puesto en marcha las cosas en el principio, y el hombre no le necesitaba, ni tampoco su revelación, para vivir, es como si Él estuviera muerto. Pero había que explicar la vida en el planeta tierra tal como la conocemos, ¿no es cierto? No pudo haber tenido lugar por sí misma, ¿o tal vez sí?

La popularización de la teoría de Darwin sobre la evolución proporcionó la respuesta científica «necesaria» que permitía a los hombres descartar la idea de Dios de una manera razonable, racional y aceptable. A través de *El Origen de las especies* (1859), y de *El origen del hombre* (1891), Charles Darwin introdujo la teoría evolucionista en la corriente del pensamiento popular.

La evolución fue aceptada por los científicos, los artistas y los filósofos, así como por los teólogos. No sólo se contempló como un fenómeno físico, sino también social, religioso y económico. Pocas ideas, si es que alguna, han tenido tanta repercusión en el mundo moderno como la teoría de la evolución. La aceptación de esta idea abrió la puerta a muchos cambios en el comportamiento social y normas culturales. La incorporación de estos cambios a la educación tuvo lugar mayormente a través de la obra de John Dewey.

John Dewey (1859-1952) es a veces llamado padre de la educación progresista estadounidense. No sólo fue, quizás, el educador más influyente en la historia moderna de EEUU, sino también reconocido como filósofo de influjo mundial. Como director del Teacher's College (facultad de maestros) de la Universidad de Columbia (1904-1930), Dewey provocó una influencia duradera en toda una generación de maestros y profesores estadounidenses.

Las ideas de Dewey se dejaron influir notablemente por las de William James (1842-1910), quien trasladó la revolución darwinista al campo de la psicología. James empezó asumiendo que la verdad era relativa, siempre en estado de cambio y nunca inmutable o universal. La verdad, según James, «ocurre a una idea» siempre en evolución y siempre en proceso. No es «final» en sentido definitivo. La verdad es algo que cambia y se ajusta para acomodarse a su medio. Sucede, pues, que la verdad que una vez fue conveniente para determinado medio social, puede no ser adecuada hoy. Sólo las verdades más aptas sobreviven, y si no se adaptan, ya no son verdad. La verdad es lo que funciona. Esta manera de pensar, denominada *pragmatismo*, es la contribución distintiva (y destructiva) que prestó EEUU al flujo filosófico del pensamiento occidental.

Dewey procuró imbuir la filosofía del pragmatismo social en la columna vertebral de la educación pública estadounidense. Se interesó por la evolución progresiva de las ideas que influyen a la sociedad total, y trató de intervenir para facilitar el proceso mediante la educación «progresista». La escuela pública, por supuesto, era el terreno ideal para producir cambios en las ideas. ¿Qué mejor suelo se podía encontrar que el terreno fértil de la juventud? El cambio exige cierta flexibilidad mental, y las mentes juveniles se prestan a mejorar este proceso. Así pues, según el pragmático social, la escuela debe facilitar el cambio.

Según el pragmatismo, la sociedad misma se convierte en factor determinante de lo verdaderamente conveniente para la época en que vive. Lo bueno y lo malo, lo verdadero y lo falso son relativos a las necesidades y aspiraciones presentes del grupo. Lo *bueno* es lo que da *resultado*. A medida que cambia la cultura estadounidense, cambian también sus valores. A medida que cambian los valores estadounidenses, cambia también la cultura, de suerte que el proceso evolutivo de la verdad progresiva se perpetúa.

La educación progresista se opone a la idea de dogmas inmutables como los que enseña la Biblia. La misma palabra «dogma» tiene para aquella una connotación negativa. La idea de valores absolutos e inmutables es evitada y la gente que se aferra a éstos suele ser calificada de «intolerante» o «de mentalidad estrecha». La educación para un educador progresista, es pues, el proceso mediante el cual una persona aprende a tener una «mentalidad abierta», o «razonable». La razón, por supuesto, es la verdadera luz que enseña a discernir el bien del mal. La gente que basa sus ideas en la revelación es considerada lisiada mental e ignorante, cuya muleta es la Biblia.

En *My Pedagogic Creed*, Dewey dice que el maestro es «el profeta del verdadero Dios y anunciador del verdadero reino de Dios».[60] Prescindió de la idea de un Creador y no dejó espacio para lo sobrenatural. La «Naturaleza» era la realidad última. Dewey no intentó esconder que su forma de pensar era una fe —una fe no teísta, pero fe al fin y al cabo—. En su libro acertadamente titulado *Una fe común*, él describió «los fines ideales a los que se liga la fe», como reuniendo «todos los elementos de una fe religiosa no confinada a clases, sectas o razas».[61]

La fe de Dewey fue una fe religiosa llamada humanismo.[62] Presidió la American Humanist Association, que publicó en 1933 el Manifiesto Humanista I, documento que esbozó los principios básicos de su fe de una manera clara y concisa. Cuarenta años después, la Asociación Humanista Estadounidense publicó el Manifiesto Humanista II (1973). El Manifiesto Humanista III fue publicado en 1999. Los siguientes fragmentos de estos manifiestos hablan por sí solos:

> Los humanistas religiosos consideran el universo auto-existente y no creado (Afirmación 1 M.H.I). El humanismo cree que el hombre forma parte de la naturaleza y que ha surgido como resultado de un proceso continuo (Afirmación 2, M.H.I).
>
> Creemos... que las religiones tradicionales que propugnan la revelación, Dios, rituales o credos por encima de las necesidades y experiencias humanas son perjudiciales... No hay evidencia suficiente para creer en la existencia de lo sobrenatural; como no teístas, empezamos con los seres humanos, no con Dios; con la naturaleza, no con la deidad. No podemos descubrir providencia o propósito divino para la especie humana... los seres humanos somos los únicos responsables de lo que somos o seremos. Ninguna deidad nos salvará; debemos salvarnos a nosotros mismos (Principio 1, M.H.II).
>
> La promesa de salvación inmortal o el temor a una condenación eterna son ilusorios y perniciosos... No hay evidencia creíble de que haya vida después de la muerte del cuerpo (Principio 2, M.H. II).
>
> Afirmamos que los valores morales derivan únicamente de la experiencia humana. La ética es autónoma y situacional, no necesita sanción teológica o ideológica. La ética brota de la necesidad y el interés humanos. Negar esto distorsiona la base de la vida. La vida humana tiene sentido porque nosotros mismos creamos y desarrollamos nuestro futuro (Principio 3, M.H. II).
>
> La razón y la inteligencia son los instrumentos más eficaces que posee la humanidad. No hay sustituto: ni la fe ni la pasión bastan. El uso controlado de los métodos científicos, que han transformado las ciencias naturales y sociales desde el Renacimiento,

deben extenderse aún más para resolver los problemas humanos (Principio 4, M.H. II).[63]

Baste esto para tener una idea de lo que es el humanismo. Es la religión de la antigua Grecia: «el hombre es la medida de todas las cosas». Lamentablemente, muchos estadounidenses se han convertido a ella, se den cuenta o no.

La conciencia de que el humanismo ha ido adquiriendo gradualmente prominencia sobre el anterior consenso judeocristiano en nuestras aulas, medios de comunicación, gobierno y leyes durante los últimos cincuenta años ha dado lugar a un sentimiento de alarma no pequeño. La iglesia ha llegado a darse cuenta de que los cimientos bíblicos de EEUU pueden ser por completo barridos. El fruto de un cristianismo privatizado ha alcanzado casi plena vigencia. El frente de batalla ha sido claramente delimitado entre dos fes en conflicto. La fe en el hombre contra la fe en Dios, la fe en la razón contra la fe en la revelación, la fe en la creación contra la fe en el Creador.

Lo de no mezclar hoy la religión con las escuelas es un asunto que debe ser atentamente reexaminado. La cuestión no es si se debe permitir o no mezclar la religión con la educación, sino qué religión se permitirá mezclar. La verdad es que hoy se está mezclando la religión con la escuela pública. Lo que pasa es que es una religión *distinta* a la que se mezclaba con la educación, en este país, desde los tiempos coloniales hasta la década de 1960.

Considere esto: si *no* se permite enseñar que el mundo fue creado por Dios, y en cambio se permite enseñar que el mundo llegó a existir por sí solo, ¿no es *igualmente* una postura religiosa enseñar que Dios no creó el mundo como lo es enseñar que sí lo *hizo*? Si es una declaración religiosa afirmar que «Dios creó el mundo», ¿no lo es también afirmar que «Dios no creó el mundo?». ¿No son *ambas* declaraciones posturas de *fe*?

Enseñar a los niños que Dios no creó el mundo se puede hacer de manera muy efectiva sin tener que enunciar realmente estas palabras. Un profesor no tiene que comparecer ante una clase llena de alumnos y asegurarles que el relato bíblico de la creación es ficción para comunicar la idea de que lo es.

Considere esto: si *no* se permite enseñar a los niños que Dios ha hablado al hombre en la Biblia y que su Palabra es norma moral absoluta para el hombre y, sin embargo, *sí* se permite enseñarles que la moral la determina la sociedad y que depende de los deseos e ideales de la misma, ¿no es *igualmente* una postura religiosa enseñar que la Palabra de Dios *no* es norma moral para el hombre como enseñar que *sí* lo es? ¿No se asientan en la fe ambas posturas? Si es una declaración religiosa afirmar que «la Biblia es la norma moral suprema del hombre», ¿no lo es también afirmar con esas mismas palabras, o con otras, que «la Biblia no es la norma moral suprema del hombre?».

Todos los centros educativos que formulan una declaración de propósito se basan en la fe, al igual que todas las iglesias e instituciones civiles. No puede ser de otra manera, ya que toda misión o propósito se basa en ciertos supuestos que sólo se pueden aceptar por fe. Hace falta fe para creer que Dios creó el mundo y hace falta fe para creer que el mundo evolucionó por sí mismo. Hace falta fe para creer que la Biblia encierra absolutos morales y hace falta fe para creer que el hombre es la medida de todas las cosas. Es imposible divorciar la educación, el gobierno, o cualquier otra esfera de la vida de ciertos supuestos de fe de una u otra índole. Y lo que es más, la fe de alguno acabará siendo el principio rector en cualquiera de las esferas de la vida, sea en el aula o el púlpito, en el terreno de juego o el parlamento.

¿Es una conspiración la infiltración de la religión humanista en nuestras escuelas? El hecho es que apenas es necesario. Como una epidemia de sarampión, el humanismo del siglo XX ha infectado toda institución occidental en mayor o menor grado, en lo público y en lo privado. El espíritu de esta cosmovisión no teísta realmente tiene zarpas y no tolera otras fes. Habiendo adquirido impulso creciente desde los días del Renacimiento, el humanismo avanza hoy a toda máquina.

Las similitudes entre el humanismo del siglo XX y la filosofía griega clásica deberían ser bastante claras para cualquiera que haya leído atentamente este libro hasta aquí. Paul Kurtz, profesor de filosofía en la Universidad Estatal de Nueva York, editor de *Free Inquiry (Indagación Libre)*, e importante contribuidor al *Manifiesto Humanista II* declaró: «Nuestro modelo no es Moisés, Jesús o Mahoma, sino Sócrates».[64] Acerca de esto poca duda o controversia puede haber. El antiguo método socrático de recurrir al racionalismo para determinar la verdad moral se convirtió en uno de los hitos de la filosofía griega. Una vez que la razón se erige factor determinante del bien y del mal, se puede rechazar la revelación con relativa facilidad. Esto lo ha hecho la cultura actual con todas sus fuerzas.

Alguien ha dicho que la moral de un hombre le dictará su teología o su filosofía. Cuando se trata de decidir cómo actuar en la vida, la persona se apoya en un conjunto de supuestos íntimos que sostienen su proceder para mantener la estabilidad mental. Comoquiera que hay más personas que prefieren la estabilidad mental a la inestabilidad, la gente adaptará su comportamiento a su sistema de creencias o intentará cambiar éste para comportarse de la manera que le plazca y así deshacerse de su sentimiento de culpabilidad. Nuestra cultura ha seguido por una pista rápida la segunda opción.

Muchas personas, cuyos deseos chocan con las prescripciones de la Escritura, han descubierto en el antiguo modelo socrático una cómoda y bienvenida justificación de la inmoralidad personal. El movimiento de «clarificación de valores» en la educación estadounidense, que comenzara en la década de 1960, abrió las compuertas. Actualmente, después de cuarenta años de clarificación de valores, una cosa queda cristalinamente clara: nuestros valores precisan un cambio de dirección radical. Las similitudes entre la decadente Grecia y nuestra situación actual dan que pensar, y el fruto cosechado por el humanismo del tiempo presente tiene muy mal aspecto.

William Bennett, en *The Index of Leading Cultural Indicators*, 1994, señaló que en treinta años, a partir de 1960, el crimen en EEUU ha aumentado más del 500 por ciento, los nacimientos ilegítimos han aumentado el 400 por ciento, el porcentaje de niños que viven con padres solteros se ha triplicado, como también la tasa de suicidio juvenil, mientras que la tasa de divorcios se ha duplicado. El pronóstico de Bennett, ex secretario de educación y director de la Oficina para la Política Nacional de Control de Drogas, es sombrío y descarnado: «En las tres últimas décadas hemos experimentado un retroceso social sustancial. Las fuerzas que aceleran la descomposición social hoy son apabullantes, y en algunos casos, intimidantes. Y cuando se instala la descomposición, exprime un enorme coste humano. *A menos que estas patologías sociales explosivas se inviertan, conducirán a la decadencia, y quizás, a la caída de la república estadounidense*».[65] [Énfasis de Bennett.] En última instancia, parece que no es el modelo de Sócrates el que debemos seguir. El imperio romano no pudo sobrevivir con los supuestos griegos, ni tampoco podremos nosotros. Deberíamos hacer caso a la amonestación del historiador romano Tito Livio (59 a.C.-17 d.C.), testigo ocular de la decadencia de Roma, que dijo lo siguiente en su *Historia de Roma*:

> Yo que el lector, habría rastreado luego el proceso de nuestro declive moral, para observar, en primer lugar, el desplome del fundamento moral a medida que se dejaba expirar la antigua enseñanza, después, la desintegración cada vez más acelerada, y finalmente, el hundimiento definitivo de todo el edificio y la oscura alborada de nuestro tiempo cuando ya no se puede soportar nuestra depravación ni afrontar los remedios necesarios para curarla. El estudio de la historia es el mejor remedio para una mente enferma; porque en la historia uno cuenta con un registro de la infinita variedad de experiencias humanas claramente desplegadas para que todos las puedan examinar; y en ese registro uno puede encontrar para sí mismo y para su país ejemplos y advertencias; cosas buenas a imitar y adoptar como modelos, y cosas malas, corrompidas hasta la médula, a evitar.[66]

RESUMEN DEL CAPÍTULO SIETE: PERSONAS, LUGARES Y CONCEPTOS CLAVE

Puritanos y puritanismo
Charles Darwin (1809-1882)
William James (1859-1910)

John Dewey (1859-1952)
Asociación humanista estadounidense
Manifiestos humanistas estadounidenses
Ideología
Deísmo
Ley natural
Darwinismo
Pragmatismo
Educación progresista
Religión no teísta
Humanismo
Racionalismo
Clarificación de valores
La noción hebrea de sabiduría

Para la profundización y el debate

1. Explique por qué es imposible separar la fe de la educación, o la religión de la escuela.
2. ¿Cómo se ha colado la teoría de la evolución en todas las esferas de pensamiento y costumbres de la modernidad?
3. Ponga algunos ejemplos para distinguir la sabiduría de la inteligencia.
4. Explique el significado de la declaración: «La moral de un hombre dictará su teología». ¿Cómo se aplica esto hoy a nuestra cultura?
5. Compare y contraste la función de la educación para los hebreos, los espartanos y los atenienses. ¿Qué paralelismo hay con los métodos educativos actuales en Occidente?
6. ¿Qué opciones hay para los padres creyentes que buscan alternativas al sistema público actual para educar a sus hijos?
7. ¿Qué cree usted que hace que una escuela sea «cristiana»? ¿Cómo pueden las escuelas cristianas evitar ser tan «griegas» como cualquier otra?

8. Si usted fuera director de una escuela pública o privada, y se aferrara a los supuestos bíblicos aplicables a la educación que ha leído en este libro, ¿qué pasos daría para:
   a. ¿fomentar una asociación de padres con la misma forma de pensar?
   b. ¿preparar y proteger personal educativo con la misma forma de pensar?
9. ¿Qué criterio de contratación tendría en cuenta para los maestros y el personal?
10. ¿Qué haría para hacer saber a su cuerpo estudiantil que la sabiduría y la virtud son más de apreciar que los logros académicos, el deporte, y/o la música?

The Biblical Worldview Institute of Puyallup, Washington dispone de formación específica para educadores, a fin de integrar la cosmovisión bíblica con cualquier asignatura y nivel. Visite la página www.biblicalworldviewinstitute.org para obtener información acerca del taller «Making the Connections».

Hay ayuda disponible para los educadores que desean restaurar el planteamiento biblio-céntrico del aprendizaje en www.godspleasureatwork.blogspot.com, y www.worldviewmatters.com.

CAPÍTULO OCHO

EL VIENTO DOMINANTE DEL POSMODERNISMO*

Mientras esta edición de *Supuestos y estilos de vida* sale de la imprenta, profesores y estudiantes universitarios europeos ya no hablan de «posmodernismo». Es cosa anticuada para ellos. Ahora discuten qué ha de suceder al posmodernismo. Pero no está tan claro qué haya de ser exactamente eso.

Esto no quiere decir que el posmodernismo haya muerto. Sus efectos aún son palpables, no sólo en Europa, también, ciertamente, en los EEUU y el resto del continente. Por esta razón, merece la pena incluir en este libro un breve resumen del posmodernismo.

Para muchas personas, la palabra posmodernismo pareció surgir de la nada en las postrimerías del siglo XX. Aunque el historiador Arnold Toynbee usó la palabra «post-moderno» en 1954 para describir el declive de la civilización occidental hacia la irracionalidad y el relativismo, el término no cristalizó en el mundo académico hasta mediados de los años setenta. Los observadores de

---

* Fragmento tomado de *Making the Connections* por Christian Overman y Don Johnson. Copyright 2002 por The Biblical Worldview Institute, *www.biblicalworldviewinstitute.org*. Usado con permiso.

la cultura persistían en definir esta palabra en los noventa. Y aún hoy, su significado oscila entre los que la usan. Pero es importante entender este concepto.

Para entender qué significa «posmoderno», comenzaremos con la voz «moderno». Y esto porque tal vez se entienda mejor el posmodernismo como *una reacción al modernismo.*

Las raíces de la era moderna de la civilización occidental se remontan a la revolución científica del siglo XVII. La invención del microscopio, el telescopio y los descubrimientos de Kepler, Galileo y Newton abrieron nuevas perspectivas en el mundo y dieron cabida a nuevas formas de ver las cosas y de concebir la «realidad». Cuando se impuso la Ilustración, en el siglo XVIII, el modernismo estaba en pleno desarrollo.

El propio término «Ilustración» connota la idea de que una nueva luz ha amanecido en Occidente. Esta nueva «luz» era la luz de la razón humana, independiente de la revelación divina. Era una razón independiente de cualquier fuente sobrenatural de conocimiento. Una especie de razón basada exclusivamente en lo que podía ser probado a través del racionalismo científico y la evidencia empírica.

Con la Ilustración surgió un nuevo enfoque para determinar la verdad y la realidad. La verdad ya no se habría de descubrir atendiendo a la revelación de Dios, o a concilios de iglesia, sino por medio de la observación y la medición científicas. Los cinco sentidos: la vista, el tacto, el gusto, el oído y el olfato acapararon el concepto de lo que era real y verdadero. Según esta aproximación al conocimiento, el racionalismo científico fue la nueva luz guía. Dios, los milagros y lo sobrenatural quedaron relegados al ámbito del folclore.

En la era moderna, creció paulatinamente el optimismo con la creencia de que la ciencia y el método científico acabarían resolviendo todos los problemas del hombre. El «progreso» basado en la inteligencia humana y el racionalismo científico vigorizó la civilización occidental. Había llegado la modernidad y con ella la esperanza de una sociedad utópica.

Junto con la exaltación de la razón humana independiente y el rechazo de lo sobrenatural llegó la creencia de que la humanidad era el eje sobre el que giraba el sentido y el significado. Se impuso un concepto materialista, racionalista, centrado en el hombre.

La modernidad también trajo consigo la idea de que la humanidad podía descubrir verdades universales [aplicables a todo el mundo] valiéndose de la razón humana independiente y del método científico. Estas verdades objetivas generales definirían lo realmente bueno y lo malo, lo que estaba bien y lo que estaba mal —para los individuos y para sociedades enteras—. Esta creencia se debió, en parte, a la pretensión de abordar las cuestiones sociales con la misma clase de metodología científica con que uno se acercaba a la química y a los números.

LA MAREA CAMBIA

La segunda parte del siglo XX vio cómo el optimismo moderno se trocaba en cinismo. Algunos eruditos consideran los años sesenta como una década crucial entre la era moderna y la posmoderna. En la década de 1990 el modernismo experimentó una grave crisis. Después de confiar doscientos años en la autonomía humana, de exaltar la razón y devaluar la revelación divina, el siglo XX acarreó guerras de vasta proporción, bombas nucleares, derramamiento de sangre a escala nunca imaginada y conflictos ideológicos colosales. Se empezó a sospechar de la ciencia y el método científico —o a rechazarlos directamente—. Si esto era progreso, ¿quién lo necesitaba? Si la razón basada en el método científico nos había llevado al borde de la autodestrucción, tal vez no fuera, después de todo, una luz-guía fidedigna.

La anticuada idea moderna de que la verdad universal podía ser descubierta por medio del racionalismo científico dejó de ser defendida por los posmodernistas. A decir verdad, la idea misma de razón «objetiva» fue objeto de ataques. Algunos pensadores posmodernos negaron que los seres humanos fueran capaces de ser verdaderamente objetivos. Su lógica se apoyó en que todo criterio al que el hombre recurre para determinar la verdad «objetiva» es, en sí mismo, producto subjetivo de la mente humana y, por tanto, del lenguaje humano. Y como se consideraba que el lenguaje humano estaba sometido a circunstancias culturales e influencias sociales, despertó la sospecha posmoderna de no ser apto para reivindicar la «verdad».

Los posmodernistas aseveraban que no existía la verdad universal, verdadera para todos. Entendieron que la verdad es determinada de diversas maneras por distintos grupos [o «tribus»] en múltiples contextos sociales y culturales. Esto produjo enunciados como «lo que es verdad [o bueno] para usted, puede no ser verdad para mí». También permitió que los incrédulos dispararan a los creyentes exabruptos como «me alegro de que haya encontrado la verdad —para usted—. Si funciona para usted, ¡fantástico!». La misma persona podía aferrarse al ateísmo como «verdad para ella». La verdad, para el posmodernista, se convirtió en una cuestión de preferencia personal. El hecho de que la idea de la verdad que abrazara un grupo contraviniera lo que era «verdad» para otro no constituyó un problema serio. Mientras que la evidencia empírica, científicamente demostrada, fue la juez que reivindicó toda verdad en la época moderna, en la época posmoderna se tomaron más en serio las perspectivas sociales y culturales.

Este hilo de pensamiento llevado hasta su conclusión lógica significó que el budismo y el cristianismo podían ser considerados igualmente «verdaderos» en el contexto de las culturas en que se practican. Ambos son producto de sociedades humanas, alegan los posmodernistas. Si éste fuera el caso, ¿quién puede afirmar que el concepto de realidad que tiene un grupo es verdadero y el de otro falso? El posmodernista considera que es represiva e intolerante la actitud del grupo que proclame tener la verdad [para todos].

Si todas las religiones e ideologías son igualmente verdaderas, entonces no es permisible que alguien afirme que otra religión o ideología sea falsa. El pecado cardinal del posmodernismo es que un grupo no tolere los valores o la ética de otro. Sin embargo, ser «intolerante» hoy no sólo significa que uno *permite* a otros creer y practicar las ideas que ellos tienen de la verdad, sino *aceptar* que *la idea que otro grupo cualquiera tiene de la verdad es tan verdadera como la suya*. Al fin y al cabo, la verdad es un constructo social que se manifiesta por medio de un lenguaje que expresa significados culturalmente condicionados, de manera que, además de la belleza, el ojo del espectador también capta la verdad. Según el posmodernismo no hay verdades «absolutas» o «universales», pues la verdad no se encuentra en la razón ni en la revelación.

Junto con la reacción posmoderna a la idea de determinar científicamente la verdad por la vía de la razón (en la era moderna) llegó la aceptación posmoderna de la intuición o «instinto» como elemento válido para determinar lo que es verdad (para usted). Aunque los cristianos pueden estar agradecidos de que mucha gente posmoderna esté abierta a la idea de que hay otras formas de conocer la verdad, aparte de la razón humana independiente y el método científico, el volverse a la intuición humana y los sentimientos íntimos es asimismo problemático. ¿Acaso el creer que cierta idea es verdad *hace* que sea verdadera? ¿Puede la verdad determinarse humanamente? ¿No hay patrón objetivo estándar con que se pueda medir toda pretensión de la verdad en cualquier sociedad y cultura?

DISTINTO CENTRO

Con el posmodernismo, la «celebración de la diversidad» y el «multiculturalismo» trajeron consigo la idea de que no hay norma objetiva sobre nosotros. La noción de que la intolerancia ha devaluado las ideas y las culturas no europeas, en Occidente, se ha convertido en un foco importante de creciente agravio. Este agravio incluye el alegato de que el cristianismo es opresivo y victimiza. Opresivo por cuanto no tolera [es decir, «no acepta»] el punto de vista ajeno sobre lo que está bien o mal, y victimiza por cuanto «discrimina» a grupos que abrazan otras ideas de lo que está bien o mal. Los posmodernistas asumen que es arrogancia intolerante afirmar que los preceptos bíblicos son válidos para *todos*.

En la época pre-moderna de la civilización occidental [Edad Media], el centro del sentido de la humanidad se hallaba en última instancia en el Dios sobrenatural y el cumplimiento de su voluntad en la tierra. En la época moderna, el foco se trasladó de Dios al hombre. No obstante, en el posmodernismo no hay otra norma que la que un grupo particular determine es centro de sentido *para él.*

Para algunos posmodernistas, la realidad misma es un constructo humano. Si éste fuera el caso, viviríamos en un vasto ámbito de realidades múltiples. En la década de 1960 el clamor momentáneo fue «¡cuestiónese la autoridad!», pero en la de 1990, tal clamor pasó a ser «¡cuestiónese la realidad!». El tema de las realidades alternativas se llevó al cine en populares filmes como el *El show de Truman (una vida en directo,* en España; *La historia de una vida* en Latinoamérica) y *Matrix.* La idea de construir la realidad fue introducida por gurús de la nueva era, como Deepak Chopra y Shirley MacLaine.

Occidente está actualmente experimentando el resurgir de una pregunta ancestral: «¿Qué es lo auténticamente real?». Es la misma pregunta que impulsó a los antiguos griegos a 200 años de especulación filosófica después que Tales de Mileto declarara que el sol y las estrellas eran «bolas de fuego» y no dioses, casi 600 años antes de Cristo. Que esta reaparición del cuestionamiento de la realidad sea fruto de la reacción posmoderna contra el modernismo, el hiper-individualismo de los años setenta, o el abrazo de las religiones orientales, o sea mezcla de los anteriores, está abierto a discusión. Pero el hecho es que forma parte del mar de ideas circundantes en el que hoy nadamos.

Incluso en altas esferas, como el Tribunal Supremo de Estados Unidos, el derecho a modelar el propio concepto de la realidad se presenta como postulado básico de la libertad. Considere esta definición de libertad desde la óptica de la opinión conjunta de jueces como O`Connor, Kennedy y Souter, en Planned Parenthood contra Casey, 1992: «El corazón de la libertad estriba en el derecho a definir el propio concepto de existencia, de sentido, el universo y el misterio de la vida humana».

Llevar tal postura —«defina-su-propia-idea-de-existencia»— hasta sus últimas consecuencias ofrece ciertamente una perspectiva escalofriante. No sólo podría tal concepto de libertad ser esgrimido para justificar el aborto, sino también el infanticidio.

Es más, ya se ha hecho. El llamado «aborto por nacimiento parcial»*, legalizado por el Tribunal Supremo en el año 2000, no es otra cosa que burdo infanticidio.

Por razones como éstas, las consecuencias que acarrea la incapacidad de integrar la cosmovisión bíblica inmutable, universal y perenne en la mentalidad de la próxima generación son enormemente graves. Tanto para los individuos como para toda la cultura. Más aún, si ha habido un tiempo en el que haya sido más urgente reformular el fundamento de la cosmovisión bíblica para la próxima generación y demostrar la conexión de esta cosmovisión con la realidad entera, es precisamente el tiempo presente.

ALGUNOS ASPECTOS POSITIVOS

Aunque la muerte de la verdad universal ofrece, ciertamente, un futuro sombrío tras la desaparición del modernismo, el amanecer del posmodernismo surte una ventana de posibilidades para los seguidores de Cristo. El declive del modernismo, con su rechazo de lo sobrenatural y su adoración idolátrica de la razón humana, supone un giro de acontecimientos por el que deben estar agradecidos los cristianos. ¡Sí, el posmodernismo ha traído consigo algunas cosas de las que nos podemos regocijar!

Por ejemplo, el rechazo de la razón humana independiente, autónoma, y la eliminación del método científico como medida última de la realidad es un respiro de alivio. La gente está más dispuesta en estos días a tomarse en serio lo sobrenatural. Aunque esto ha dado ocasión a programas de radio y de televisión que se revuelcan en lo «paranormal», y a una aceptación de creencias orientales como la reencarnación, ha amanecido a los cristianos una nueva oportunidad de conectar la cosmovisión bíblica con el mercado de las ideas posmodernas.

---

* El aborto por parto parcial, también conocido como método de «Dilatación y extracción», se practica mayormente en los meses quinto y sexto de embarazo. En realidad, es infanticidio porque los avances de la medicina actual permiten la viabilidad de niños con 22 semanas de gestación, es decir, con menos de seis meses de vida.

Aunque en el mundo posmoderno ha surgido un profundo interés por la «espiritualidad», ésta no se puede equiparar con el «cristianismo». El interés posmoderno en la espiritualidad es un reflejo de la aceptación de todo tipo de cosmovisión que dé cabida a una dimensión espiritual, desde el budismo a la cienciología. Uno de los temas recurrentes en que insiste el posmodernista es el deseo de cultivar la espiritualidad tanto en la vida privada como en la pública.

Los seguidores de Cristo harían bien en aprovechar este giro de acontecimientos y entablar conversaciones sobre las dimensiones espirituales de la vida mientras la oportunidad está al alcance de la mano. Puede que esta ventana no quede mucho tiempo abierta. Ahora tenemos la oportunidad de hallar terreno común con vecinos y compañeros de trabajo que parecía remota o imposible en la época moderna.

Este terreno común puede allanar la conversación sobre temas de cosmovisión, como la vida después de la muerte, la existencia de un Dios personal y el propósito de la existencia humana más allá de un salario de subsistencia. La gente está más dispuesta a escuchar hoy y a entablar debates sobre tales temas. Los cristianos tienen que aprender a escuchar más y plantear preguntas trascendentales que muestren un interés genuino en cómo otras personas intentan dar sentido a su mundo.

Ni el modernismo ni el posmodernismo están muertos. Tanto el modernismo como el posmodernismo son fuerzas con las que nos tenemos que lidiar todos los días. Éste es el mundo en el que crecen nuestros hijos. Es un mundo para el que deben estar bien pertrechados para afrontar serios desafíos ideológicos en ambos frentes.

Por ahora, al menos en occidente, el posmodernismo sigue prevaleciendo. Es un «clima» que permite prosperar a las religiones orientales junto al cristianismo, el islam y el ateísmo. Y así como el viento reinante del modernismo durante los primeros años del siglo XX permitió que cosmovisiones ateas como el marxismo y el humanismo florecieran, el posmodernismo ha abierto la puerta, por eso las cosmovisiones panteístas y la «espiritualidad alternativa» hallan más aceptación en Occidente.

Estamos viviendo tiempos de multi-ismos. Un estado de cosas que se asemeja mucho al de la antigua Atenas, en las postrimerías de la Grecia decadente.

RESUMEN DEL CAPÍTULO OCHO: PERSONAS, LUGARES Y CONCEPTOS CLAVE:

Posmodernismo
Modernismo
Multi-ismos
La revolución científica
Verdad universal
Absolutos
Constructo social
Tolerancia

Para la profundización y el debate

1. ¿Qué influencias posmodernas ha percibido personalmente en los medios de comunicación? ¿En el cine contemporáneo? ¿En la iglesia? ¿En la política?
2. ¿Qué efectos cree usted que puede tener el pensamiento posmoderno tocante a la cuestión de la interpretación de la Escritura?
3. Según Josh McDowell, el 65% de los jóvenes cristianos «o creen o sospechan que no hay manera de averiguar qué religión es verdadera». El 48% sospecha que «no importa qué fe religiosa uno abrace porque todas las creencias enseñan lecciones similares». [*The Disconnected Generation,* Word Publishing, 2000, p. 214]. Si un joven le declarara tales cosas, ¿cómo le respondería?

EPÍLOGO

¿Y AHORA HACIA DÓNDE VAMOS?

El epílogo era la breve alocución que dedicaba a la audiencia uno de los actores después de representarse la escena final de una obra de teatro en Grecia. No formaba parte de la obra, pero daba conclusión a la misma. Hemos llegado al final de este libro y me gustaría compartir con el lector algunos pensamientos finales.

Me acuerdo de un viernes por la noche en una pequeña iglesia cerca de Bellingham, Washington. El tema que ocupó mi disertación fue la singularidad especial de la cosmovisión bíblica y cuánto difiere de las ideas paganas que hoy nos circundan. Expliqué por qué nuestra cultura se encuentra en graves dificultades. Y les advertí de que a menos que intervenga un rotundo cambio de rumbo, acabaremos de la misma manera que la decadente Grecia, o peor. Sin embargo, inyecté esperanza al grupo anunciando que el cambio no era imposible y exponiendo cómo sería viable.

Después de acabar mi disertación, se me acercó un joven y me lanzó una pregunta sincera: «¿Conoce alguna cultura que haya hecho el cambio?». Por raro que parezca, apenas había pensado en esta importante cuestión. Era obvio, por el aspecto de su semblante, que esperaba oír un «Sí» estimulante por respuesta, y con todo mi corazón hubiese querido darle la respuesta que él anhelaba. Pero su semblante decayó bruscamente cuando le respondí: «No, no la conozco».

Aquella noche me acosté abrumado. Sentí gran disgusto porque no había sabido responder bien a aquel joven. Lo que él quería era esperanza. La clase de esperanza que surge cuando uno es consciente de que si otros han podido hacer el cambio, tal vez también podamos nosotros. Pero cuando me desperté por la mañana, me di repentina cuenta de que había pasado por alto lo obvio. Mi memoria retrocedió a los antiguos días de Israel y de Judá, y caí en la cuenta, una vez más, de que la respuesta a la pregunta de aquel joven estaba en el modelo hebreo. La historia del antiguo Israel se caracteriza por un alejamiento de Dios y un acercamiento a Él. El hecho de que ellos se alejaran tanto de Dios no debería sorprendernos. La propensión del hombre a seguir su propio camino es muy real. Dado que ningún hombre está exento de incurrir en esta tendencia, tampoco está exento ningún grupo humano.

Por lo que respecta a la apostasía, el modelo hebreo antiguo es espeluznante. Llegaron tan lejos que sacrificaban a sus hijos (Jeremías 19:5). Esto de por sí debería movernos a la esperanza de que nuestra situación aún tiene remedio. Pero también es una seria advertencia de que, si bien es siempre posible volverse a Dios, no hay garantía de que una generación que sucede a otra vaya a perseverar.

Los casos de Esdras y de Nehemías cubren una etapa brillante de la historia hebrea. Nehemías reconstruye los muros de Jerusalén y Esdras restaura la Palabra de Dios en la conciencia del pueblo. Lo grave es que el retorno a Dios tuvo que ir precedido de setenta años de cautividad en Babilonia. ¿Se volverá esta generación a Dios antes o después de un gran juicio? Sin duda, nuestro juicio va en aumento, pero mi oración es que no sea necesario un juicio más severo, por amor a nuestros hijos. Ciertamente, no es la primera opción que Dios tiene para nosotros. Hemos de tener ánimo sabiendo que para Dios todo es posible, y que no hay nada difícil para Él. Ni siquiera unos Estados Unidos secularizados.

Un día llegó a mi despacho un boletín. Sus primeros párrafos me llamaron la atención porque se referían llanamente a nuestra situación:

> Cuando Alexander Solzhenitsyn buscó una explicación de la devastadora revolución que había destruido a su Rusia nativa, recordó que los que habían conocido el golpe de la dictadura Bolchevique habían dicho: «Los hombres han olvidado a Dios, por eso han sucedido todas estas cosas». Solzhenitsyn admitió que después de varias décadas de estudio no podía ofrecer mejor explicación. Los historiadores recuerdan que quienes no aprenden de la historia están condenados a repetir sus errores. La conclusión de Solzhenitsyn nos ofrece toda una lección a la que es menester atender: cuando los hombres se olvidan de Dios, ocurren cosas verdaderamente terribles. El poder se corrompe. Los matrimonios se deshacen. Las familias sufren. Las iglesias se dividen. Las comunidades declinan. Finalmente, toda la nación se hunde.[67]

Estas palabras son verdaderas. Los setenta años de la Unión Soviética fueron oscuros y dolorosos. Afortunadamente, la otra cara de la moneda es también verdad: cuando los hombres se acuerdan de Dios ocurren cosas maravillosas. Los dirigentes vuelven a ser dignos de confianza. Los matrimonios son sólidos. Las familias se gozan. Las iglesias se fortalecen. Las comunidades florecen. Finalmente, toda la nación es restaurada. Sí, compadézcase de la nación cuyo Dios fue una vez el Señor. Pero gócese de la que se vuelve a Él.

Pero «recordar a Dios» no es un acto superficial. En mi opinión, una honda transformación a largo plazo exige un cambio amplio y profundo en el plano de los supuestos de la ciudadanía en general. Así es como arribamos a la condición presente, y así es como saldremos de ella. Los EEUU destacaron en el pasado no sólo porque nuestras leyes e instituciones se basaran en la Biblia, o porque muchos de nuestros dirigentes políticos y sociales fueran cristianos. Por muy importantes que fueran estas cosas, no constituyen más que la mitad de la ecuación. La otra mitad es ésta: una mayoría del pueblo, de toda condición social, cristianos o no, abrazó, por lo general, supuestos judeocristianos.

Incluso en aquellos días, esto contrastó vivamente con otros países afectados por la filosofía griega, como Francia, cuna de la llamada Ilustración. El hecho de que el pueblo estadounidense sostuviera puntos de vista muy diferentes se puede constatar en las francas observaciones que Benjamín Franklin hizo a los franceses:

> El mal ejemplo dado a la juventud es más raro en EEUU, lo cual debe ser una consideración consoladora para los padres. A esto se puede añadir que la religión sincera, en sus diversas denominaciones, no sólo se tolera, sino que se practica y se respeta. El ateísmo es aquí desconocido; la infidelidad, rara y secreta; de manera que la persona puede llegar a una edad avanzada sin que su piedad haya sido sacudida después de conocer a ateos o infieles.[68]

Como seguidores de Cristo, debemos ser políticamente activos; ocupar puestos para cubrir responsabilidades legislativas, judiciales y ejecutivas, como solíamos antes hacer. Pero ésta no es la respuesta total. Las leyes no cambiarán los corazones del pueblo. Ni las reformas políticas. Debemos pedir a Dios que haga una obra en las personas para que alcancen un conocimiento personal del Dios de Abraham, Isaac y Jacob, y armonicen sus supuestos con los de su Santa Palabra, a través de una relación amorosa con Él por medio de Jesucristo. Precisamos un despertar espiritual que ninguna ley puede conseguir.

Esto no quiere decir que los seguidores de Cristo deban esperar tal avivamiento antes de asumir la acción responsable de las cosas que saben hacer. Por la gracia de Dios debemos hacer un mejor trabajo amando a nuestra esposa; los padres deben volver su corazón a sus hijos y adoptar un papel activo para conformar el carácter moral de la siguiente generación; enseñar a nuestros hijos a honrar y respetar a Dios y a los demás, y reinstaurar la virtud en los programas educativos, en las escuelas públicas o privadas; apoyar a las iglesias locales, ayudarlas a ser fuertes y eficaces para equipar a los santos para la obra del servicio; hacer nuestro trabajo como para el Señor, sea predicación o fontanería; participar en las responsabilidades civiles; y reconocer que el Reino de Dios es una realidad en cualquier parte del campo en que hayamos sido plantados, entendiendo que el mundo y todo lo que contiene le pertenece enteramente a Él.

En suma, debemos ocuparnos hasta que Él vuelva.

Si este libro le ha sido de ayuda, puede encontrar otros recursos útiles en Worldview Matters®. *Para más información, visite:*

www.worldviewmatters.com
www.godspleasureatwork.blogspot.com
www.biblicalworldviewmatters.blogspot.com

Puede contactar con el autor en info@worldviewmatters.com

APÉNDICE

Veinticuatro diferencias entre el antiguo pensamiento griego y el hebreo.

1. Griego: La madre Tierra es la fuente impersonal de toda vida sobre el planeta.

   Hebreo: Dios Padre es la fuente personal de toda vida sobre el planeta Tierra, así como del propio planeta y todas las cosas que contiene.

2. Griego: La Naturaleza es una fuerza auto-engendradora, que opera con arreglo a su propio sistema cerrado de leyes y actúa con independencia de cualquier autoridad fuera de sí misma.

   Hebreo: La creación ha sido hecha por Dios el Creador para su propósito y opera obedeciendo a leyes diseñadas y sostenidas por Él, y sujetas a su autoridad. Donde el griego ve leyes *de* la Naturaleza, el hebreo ve leyes *sobre* la naturaleza.

3. Griego: La Naturaleza es «Dios» y «Dios» es la Naturaleza. Sólo existe lo natural. Lo sobrenatural no existe. [Pensamiento jónico].

   Hebreo: La creación es obra de Dios. Él no debe ser confundido con lo que hizo, ya que existía antes y es distinto de lo que ha creado. Él es un ser sobrenatural, que habita en lo sobrenatural, como también en el mundo creado natural.

4. Griego: Los dioses del Olimpo son personales, pero finitos, mientras que la Naturaleza es infinita e impersonal.

Hebreo: El Dios de Abraham, Isaac y Jacob, es infinito y personal.

5. Griego: Los dioses son creados a imagen y semejanza del hombre.

   Hebreo: El hombre ha sido creado a imagen y semejanza de Dios.

6. Griego: El hombre, clasificado como animal, se distingue por una diferencia específica: es un animal racional. [Aristóteles].

   Hebreo: El hombre se diferencia de los animales y es único entre todas las criaturas vivientes en que es la única creada a imagen y semejanza de Dios.

7. Griego: La aparición del hombre sobre la tierra se debe a un acto de fuerza impersonal e irracional de la Naturaleza. La existencia no tiene propósito ni sentido. La madre Naturaleza guarda silencio.

   Hebreo: La aparición del hombre sobre la tierra fue premeditada por un Ser racional personal y es un acto deliberado y decisivo de inteligencia con propósito.

8. Griego: La humanidad no ha recibido mandato de ninguna fuente que no sea el hombre mismo.

   Hebreo: El Creador ha encargado al hombre cuidar de su creación y gobernar responsablemente sobre la tierra.

9. Griego: El valor y la dignidad del hombre son determinados por la sociedad en que nace.

   Hebreo: El hombre tiene valor intrínseco porque ha sido creado a imagen y semejanza de Dios. Dios le ha concedido valor, independientemente del criterio social.

10. Griego: La verdad se mide por el juicio intelectual y racional del hombre. No hay norma divina o patrón de la verdad que destaque sobre la determinación humana. «El hombre es la medida de todas las cosas».

Hebreo: Dios determina la verdad, independientemente del hombre. La medida de todas las cosas es la Palabra de Dios. La opinión del hombre no la afecta en modo alguno.

11. Griego: La fe de los filósofos griegos se basa en una razón que actúa independientemente de la revelación divina.

    Hebreo: La fe de los hebreos se basa en la revelación de Dios, a la que se somete la razón humana.

12. Griego: La expresión religiosa gira en torno a ceremonias, como ofrendas de alimentos a los dioses y otros ritos. La corrección ritual recibe más atención que la conducta. Los dioses no se interesan en cosas como la empresa, la ley, las relaciones, el trabajo o la familia.

    Hebreo: La expresión religiosa es un compromiso con un estilo de vida. Dios es tan importante en el trabajo que se hace durante la semana como en el comportamiento del sábado. Su Palabra rige todas las esferas de la vida, sea la empresa, la ley, las relaciones, el trabajo o la familia.

13. Griego: La religión es una elección personal, una cuestión privada. Hay muchos dioses a los que adorar y credos para escoger.

    Hebreo: Dios y su Palabra no dependen de la aceptación o el rechazo del hombre. Su realidad y la responsabilidad del hombre ante ella siguen vigentes, con independencia de la voluntad del hombre.

14. Griego: La conducta moral depende de la opinión pública y/o de la conciencia individual. Los griegos no tenían Biblia para regular el pensamiento ni la conducta. Los valores dependen del medio social.

    Hebreo: la conducta moral sólo depende de la Palabra de Dios, y por eso es absoluta. La opinión pública y la conciencia individual carecen de poder para alterar lo que Dios ha declarado ser verdadero o moralmente bueno.

15. Griego: Para el ciudadano de Atenas, «mostrarse legítimo dueño y señor de la propia persona en los diversos aspectos de la vida» es un derecho sublime. [Pericles].

    Hebreo: Para el hebreo, mostrarse siervo legítimo y obediente de Dios su Hacedor y Señor es una feliz bendición, un privilegio y una obligación.

16. Griego: La libertad humana es auto-determinación.

    Hebreo: La libertad del hombre la determina Dios.

17. Griego: La sabiduría se halla dentro de uno mismo.

    Hebreo: La sabiduría se halla fuera de uno mismo. La necedad se halla dentro.

18. Griego: «Conócete a ti mismo».

    Hebreo: Conoce a Dios.

19. Griego: «Los griegos aprendían para comprender...»

    Hebreo: «Los hebreos aprendían para reverenciar». [Abraham Heschel].

20. Griego: «Los griegos se preguntaban: "¿Por qué debo de hacerlo?"».

    Hebreo: «Los hebreos se preguntaban: "¿Qué debo de hacer?"» [Abraham Heschel].

21. Griego: En Esparta, la educación «anulaba al individuo para servir al estado». En Atenas, la educación «instruía al individuo para servir a la cultura».

    Hebreo: En Israel, la educación «instruía al individuo para servir a Dios». [William Barklay].

22. Griego: El trabajo manual era considerado por los filósofos como vulgar e inferior a la dignidad del ciudadano.

    Hebreo: Las profesiones son honorables y se respeta tanto el trabajo manual que se espera de los rabinos que dominen un oficio, así como la Ley.

23. Griego: Se teme la ancianidad.

    Hebreo: Se honra la ancianidad.

24. Griego: La historia se interpreta como un ciclo que se repite sin sentido. El mismo patrón básico de vida y muerte siguen adelante sin fin particular ni destino a la vista.

    Hebreo: La historia tiene sentido, como una flecha se dirige a un blanco. Su concepto de la historia es rectilíneo: Dios lleva a cabo su propósito en la tierra, el cual culminará en el reino mesiánico del Redentor de Israel.

LECTURAS RECOMENDADAS

Allen, Scott D. *Entre lo sagrado y lo secular: Llamada a una vida y un ministerio integrados,* Editorial JUCUM, Tyler, Texas, 2013.

Barna, George. *Pensar Como Jesús,* Casa Creación 2004. Beckett, John. !*Por fin lunes! Intengrando trabajo y fe,* Clie,2013. Beckett, John. *Mastering Monday.* InterVarsity Press, 2006.

Bennett, William J. *The Index of Leading Cultural Indicators.* New York: Simon and Schuster, 1994.

Blamires, Harry. *The Christian Mind: How Should A Christian Think?* Ann Arbor, Michigan: Servant Books, 1963.

Blankenhorn, David. *Fatherless America.* Basic Books, 1995. Un libro claro y convincente acerca de la pérdida de la noción de «paternidad» en nuestra cultura y las consecuencias negativas que acarrea esta pérdida en la sociedad.

Boman, Thorlief. *Hebrew Thought Compared with Greek.* New York, New York: W.W. Norton and Co., Inc., 1960.

Briner, Bob. *Roaring Lambs.* Grand Rapids, Michigan: Zondervan, 1993.

Brown, Colin. *Philosophy and the Christian Faith.* Downers Grove, Illinois: InterVarsity Press, 1968.

Brown, William, and Phillips, Gary. *Making Sense of Your World.* Sheffield Publishing, 1996.

Byrne, H. W. *A Christian Approach to Education.* Milford, Mississippi: Mott Media, 1977.

Cornford, Francis MacDonald. *Before and After Socrates.* Cambridge University Press, 1932. Cornford fue profesor en Cambridge, y tuvo en muy alta estima el pensamiento griego. Este libro comenta la ciencia jónica de la naturaleza, que desechó por primera vez lo sobrenatural y defendió que todo «es» «natural».

Colson, Charles, and Pearcey, Nancy. *Y ahora ¿cómo viviremos?* Spanish House, 1999.

Colson, Charles, and Flickett, Harold. *The Faith Given Once For All.* Zondervan, 2008.

Colson, Charles, and Flickett, Harold. *La Buena Vida.* Tyndale House, 2006.

DeMar, Gary. *God and Government: A Biblical and Historical Study.* Brentwood, Tennessee: Wolgemuth and Hyatt, 1984.

Durant, Will. *La vida de Grecia,* Ediciones Sudamericana.

Edersheim, Alfred. *Usos y costumbres de los judíos en los tiempos de Cristo,* Clie. 2008 Excelente descripción de la cultura hebrea antigua, escrito en estilo accesible.

Ezzo, Gary and Anne Marie. *Growing Kids God's Way.* Growing Families International, 2130 Cheswick Lane, Mount Pleasant, SC 29466. Serie de videos y manual de ejercicios. Ética para los padres. Existen materiales en español.

Freeman, James M. *Manners and Customs of the Bible.* Plainfield, New Jersey: Logos International, 1972. Un recurso muy útil para entender las diferencias entre la cultura actual y la de los antiguos hebreos, tal como las describe la Biblia.

Gaebelein, Frank E. *The Pattern of God's Truth: The Integration of Faith and Learning.* Chicago: Moody Press, 1954.

Greene, Albert. *Ten Touchstones to Distinctively Christian Thought.* Alta Vista College, Medina, WA 98039.

Harris, Robert A. *The Integration of Faith and Learning: A Worldview Approach.* Eugene, Oregon, Cascade Books, 2004.

Hitchcock, James. *What is Secular Humanism?: Why Humanism Became Secular and How it is Changing Our World.* Ann Arbor, Michigan, Servant Books, 1982.

Holmes, Arthur F. *All Truth is God's Truth.* Grand Rapids, Michigan: Wm. B. Eerdmans Publishing Co., 1977.

Johnson, Paul. *Tiempos Modernos.* Homo Legens, 2011.

Jones, E. Stanley. *The Unshakable Kingdom and the Unchanging Person.* Nashville: Abingdon Press, 1972.

Knight, George, R. *Philosophy and Education: An Introduction in Christian Perspective.* Berrien Springs, Michigan: Andrews University Press, 1980. Una introducción clara y bien escrita sobre este tema.

Lee, Francis Nigel. *A Christian Introduction to the History of Philosophy.* Nutley, New Jersey: The Craig Press, 1969.

Mangalwadi, Vishal. *Verdad y Transformación: Un manifiesto para naciones enfermas.* Tyler, Texas: Editorial JUCUM, 2010.

McCallum, Dennis, ed. *The Death of Truth.* Bethany House Publishers, 1996.

McDowell, Josh. *La Generación desconectada,* Casa bautista de Publicaciones 2001.

Miller, Darrow. *Discipulando Naciones.* Tyler, Texas: Editorial JUCUM, 2002.

Miller, Darrow. *Vida, trabajo y vocación: Una teología bíblica del quehacer cotidiano.* Tyler, Texas, Editorial JUCUM, 2011.

Morris, Henry. *The Long War Against God.* Baker Book House, Grand Rapids, Michigan, 1989. Este es un libro excelente acerca de los efectos negativos a largo plazo del evolucionismo en todos los campos del pensamiento y las costumbres.

Noebel, David. *The Battle For Truth.* Harvest House Publishers, 2001.

Overman, Christian. *God's Pleasure At Work: Bridging the Sacred-Secular Divide.* Seattle, Washington: Ablaze Publishing, 2009.

Overman, Christian. *The Difference One Life Can Make: Experiencing God's Pleasure At Work.* Seattle, Washington: Ablaze Publishing, 2010.

Pearcy, Nancy. *Verdad Total.* Tyler, Texas, Editorial JUCUM, 2014.

Ryken, Leland. *Worldly Saints: The Puritans As They Really Were.* Grand Rapids: Zondervan Publishing House, 1986.

Schaeffer, Francis. *¿Cómo debemos vivir entonces?, serie disponible en la web.* Casi cualquier cosa que escribiera Francis Schaeffer merece ser leída, pero este libro es especialmente indicado para rastrear la historia del pensamiento occidental desde Roma hasta el tiempo actual.

Schaeffer, Francis. *The Great Evangelical Disaster.* Westchester, Ill., Crossway Books, 1984.

Singer, C. Gregg. *A Theological Interpretation of American History.* Phillipsburg, New Jersey, Presbyterian and Reformed Publishing Co., 1964.

Sire, James. *El Universo de al Lado.* Libros Desafío, 2006.

Smith, Gary Scott, ed. *God and Politics: Four Views on the Reformation of Civil Government.* Phillipsburg, New Jersey, Presbyterian and Reformed Publishing Co., 1989.

Stark, Rodney. *The Victory of Reason: How Christianity Led to Freedom, Capitalism, and Western Success (La victoria de la razón: Cómo el cristianismo llevó a la libertad, al capitalismo y al éxito de occidente).* Random House, 2005.

Storkey, Alan. *A Christian School Perspective.* Leicester, England: InterVarsity Press, 1979.

Veith, Eugene, Edward. *Tiempos posmodernos,* Peniel, 2013.

Walsh, Brian J., and Middleton, J. Richard. *The Transforming Vision: Shaping a Christian World View.* Downers Grove, Ill., InterVarsity Press, 1984.

Whitehead, John. *The Second American Revolution.* Crossway Books, Wheaton, Ill., 1985. Este es un libro especialmente indicado para analizar los problemas actuales de nuestro sistema judicial basado en el pensamiento relativista, escrito en estilo accesible por un abogado.

Wilson, Marvin R. *Our Father Abraham: Jewish Roots of the Christian Faith.* Grand Rapids, Michigan: William B. Eerdmans Publishing Company, 1989. Marvin Wilson es la principal autoridad que conozco sobre este tema. De lectura muy fácil.

Wolters, Albert M. *La Creación Recuperada: bases biblicas para una cosmovisión reformacional.* Medellín Poiema Publicaciones, 2013. Libro breve que resume los fundamentos de una cosmovisión bíblica. Muy recomendable.

NOTAS

1. Will Durant, *The Life of Greece* (New York: Simon and Schuster, 1939), 565-568. (*La vida de Grecia,* Ediciones Sudamericana).
2. *Time,* 28 May 1973, 104.
3 Durant, 287.
4. C. Bakewell, *Source Book in Ancient Philosophy,* (New York: Scribner's, 1907), 6.
5. Citado por Richard Hertz, *Chance and Symbol* (Chicago: University of Chicago Press, 1948), 107.
6 *Plutarch's Lives,* Vol. 1 (Boston: Little, Brown, 1905), 115.
7. Ibid., 117. (*Vidas Paralelas,* Plutarco, Editorial Gredos).
8. J. E. Dobson, *Ancient Education and Its Meaning to Us* (New York: Longmans, Green, 1932), 5.
9. Immanuel Jakobovits, «Jewish Views on Abortion,» in *The Zero People,* ed. Jeff Lane Hensley (Ann Arbor, Mich.: Servant Books, 1983), 269.
10. Morris Frank and Blake Clark, *First Lady of the Seeing Eye,* (Holt, Rinehart and Winston, New York), 1957, 39-40.
11. Albert Greene, Jr., *Ten Touchstones of Distinctly Christian Thought,* 3, 10. (Alta Vista College, Medina, Washington).
12. Plato, *Republic,* 457b-466d, (London: Oxford University Press, 1941), 159. (*La República,* Platón, Editorial Gredos).
13. October 7, 1933. N.H. Baynes, ed., *The Speeches of Adolf Hitler, 1922-1939,* Vol. I, (London: Oxford University Press, 1942), 872.
14. William L. Shirer, *The Rise and Fall of the Third Reich* (New York: Simon and Schuster, 1960), 253-255. (*Auge y caída del tercer Reich,* Planeta, 2011).
15. Fredric Wertham, *A Sign for Cain* (New York: Macmillan, 1966), 180. (*La señal de Caín,* México, Siglo XXI, 1971).
16. *Pediatrics,* Vol. 72, 1983, 128.
17. Plutarch, *Moralia,* Traducción al inglés por Frank Cole Babbitt, (G.P. Putnam's Sons, New York, 1931), Vol. 3, 93 [«Sayings of Kings and Commanders,» 185-10]. (*Moralia,* Plutarco, Editorial Gredos, Máximas de reyes y generales).
18. Paul Johnson, *Modern Times* (New York: Harper and Row, 1983), 18-19. (*Tiempos Modernos,* Madrid, Homo Legends, 2011).

19. Arthur G. Powell, Eleanor Farrar, and David K. Cohen, *The Shopping Mall High School* (Boston: Houghton Mifflin Company, 1985), 40. Fragmentos de *The Shopping Mall High School.* Copyright © 1985 by Arthur G. Powell, Eleanor Farrar and David K. Cohen. Reimpreso con permiso de Houghton Mifflin Co. Todos los derechos reservados.
20. Hayim Halevy Donin, *To Raise a Jewish Child* (New York: Basic Books, 1977), 77.
21. La línea divisoria entre la filosofía y la religión se puede volver borrosa cuando los preceptos de una filosofía particular intenta cumplir la función de la revelación. En tales casos, la filosofía se convierte en religión. Un ejemplo moderno sería el humanismo secular, que incluso el Tribunal Supremo lo ha denominado religión.
22. Abram L. Sachar, *A History of the Jews* (New York: Alfred A. Knopf, 1948), 100.
23. Abraham Heschel, *The Insecurity of Freedom* (New York: Farrar, Strauss and Giroux, 1966), 41.
24. Marvin R. Wilson, *Our Father Abraham: Jewish Roots of the Christian Faith,* (Grand Rapids, Michigan: William B. Eerdmans Publishing Company, 1989), 171.
25. Francis Cornford, *Before and After Socrates,* (Cambridge University Press, 1972), 65.
26. Alexander Roberts and James Donaldson, eds., *The Ante-Nicene Fathers,* Vol. 1 (Grand Rapids: Eerdmans, 1981), 178.
27. Ibid., Vol. 2, 489.
28. Werner Jaeger, «The Greek Ideas of Immortality», *Harvard Theological Review* 52 (July, 1959), 146.
29. Respuesta del pastor Richard Vicknair a un reportero de prensa, al ser preguntado qué le parecía el que los miembros de la Universidad de la Iglesia Congregacional de Seattle, Washington, llamaran a una pareja homosexual a compartir un ministerio pastoral asociado. Se cree que es la primera invitación de una iglesia tradicional en la historia de EEUU. La decisión se adoptó después de un voto mayoritario del 76% de la congregación. (*The Seattle Times,* June 13, 1994).
30. Archibald A. Hodge, *Evangelical Theology,* Carlisle, PA: (*The Banner of Truth Trust,* 1873, 1977), 280-281.
31. «Psychologist sues after losing license for praying with patient», («Denuncia de psicólogo después de perder su licencia por orar con un paciente»). Evangelical Press Service, *Northwest Christian Journal,* November, 1994.
32. Como dijo una vez Martin Luther King, Jr.: «Acaso sea cierto que la ley no puede obligar a nadie a amarme. Pero puede evitar que me linche, lo cual me parece muy conveniente». (Cindy Hall, «Martin Luther King, Jr.: "Riots Are Voices of the Unheard"», *Gannett News Service,* May 8, 1992). [Ojalá los no nacidos pudieran hablar].

33. Donald S. Lutz, «The Relative Influence of European Writers on Late Eighteenth-Century American Political Thought» *The American Political Science Review,* Vol. 78, No. 1, March, 1984, 189-197. El siguiente fragmento es especialmente notable: «Si preguntáramos qué libro fue más veces citado por los estadounidenses durante el periodo de la fundación de la nación, la respuesta es sorprendente: el Deuteronomio. Las citas más numerosas pertenecen a la Biblia. Puesto que el interés de este ensayo es aclarar la relativa influencia de los pensadores europeos, el problema del recuento de las citas bíblicas no es importante. Lo que sí es relevante, no obstante, es la prominencia de las fuentes bíblicas para el pensamiento político estadounidense, ya que influyó enormemente en nuestra tradición política y no siempre ha recibido la atención que se merece» [p. 192].
34. Alexis de Tocqueville, *Democracy in America,* Henry Reeves, trans. (New York, NY: George Dearborn & Co., 1838), 281-291. (*La democracia en América,* Alianza Editorial, 2005).
35. James D. Richardson, *A Compilation of the Messages and Papers of the Presidents, 1789-1897* (Publicado por la autoridad del Congreso, 1899), Vol. 1, 220.
36. John Adams, *The Works of John Adams, Second President of the United States,* Charles Francis Adams, ed. (Boston: Little Brown, 1854), Vol. IX 229, Oct. 11, 1798.
37. Woodrow Wilson, *The Papers of Woodrow Wilson,* Vol. 23, (Princeton University Press, 1977), 18, 20. Después de esta alocución, pronunciada ante 12.000 personas, el 7 de mayo de 1911, Wilson escribió una nota personal a su amiga Mary Ellen Hulbert Peck, en la que decía: «La Biblia… es indudablemente el libro que ha creado la democracia y la fuente de todo progreso». [*Papers,* 11].
38. *Imprimis,* revista mensual del Hillsdale College, Hillsdale, Michigan, April, 1981.
39. Richardson, Vol. I, September 17, 1796, 220.
40. Abraham Lincoln, *The Collected Works of Abraham Lincoln,* Roy P. Basler, ed. (New Brunswick, NJ: Rutgers University Press, 1953), Vol. VII, September 7, 1864, 542.
41. Daniel Webster, *The Works of Daniel Webster,* (Boston: Charles C. Little and James Brown), 1851, Vol. I, 44.
42. Benjamin Franklin, *The Works of Benjamin Franklin,* John Bigelow, ed., (New York: G. P. Putnam's Sons), 1904, Vol. XI, April 17, 1787, 318.
43. Robert C. Winthrop, *Addresses and Speeches on Various Occasions,* (Boston: Little Brown and Co., 1852), 172.
44. Calvin Coolidge, *The Price of Freedom: Speeches and Addresses by Calvin Coolidge,* (New York: Charles Scribner's Sons, 1927), 290-291.
45. B.F. Morris, *The Christian Life and Character of the Civil Institutions of the United States* (Philadelphia: George W. Childs, 1864), 320-321.

46. Morris, 328.
47. Church of the Holy Trinity v. U.S., 143 U.S. 457 (1892).
48. Alexis de Tocqueville, *Democracy in America,* Henry Reeves, trans. (New York, NY: George Dearborn & Co. 1838), 290. (*La democracia en América,* Alianza Editorial, 2005).
49. Noah Webster, *The American Magazine,* (March, 1788), 215.
50. Harry R. Warfel, ed., *Letters of Noah Webster* (New York: Library Publishers, 1953), 453-57.
51. William Barclay, *Train up a Child* (Philadelphia: Westminster, 1959), 11, 49, 78.
52. Abraham J. Heschel, *God in Search of Man* (New York: Harper and Row, 1955), 75. (*Dios en busca del hombre,* Seminario Rabínico Latinoamericano, 1984).
53. Abraham J. Heschel, *The Insecurity of Freedom* (New York: Schocken Books, 1972), 54-55.
54. Marvin R. Wilson, «The Jewish Concept of Learning: A Christian Appreciation,» *Christian Scholar's Review,* 5, No. 4, 1976, 357. Copyright © 1976 by Christian Scholar's Review; reprinted with permission.
55. Leland Ryken, *Worldly Saints: The Puritans as They Really Were* (Grand Rapids: Zondervan Publishing House, 1986), 2.
56. John Milton, *Of Education* (*De educación,* Espasa Calpe).
57. Ibid.
58. Ryken, 15, cita a George Swinnock, *The Christian Man's Calling.*
59. David A. Lockmiller, *Scholars on Parade: Colleges, Universities, Costumes, and Degrees* (Toronto: Macmillan, 1969), 70.
60. John Dewey on Education: *Selected Writings* (New York: Random House, 1964), 439.
61. John Dewey, *A Common Faith* (New Haven: Yale University Press, 1934), 87. (*Una fe común,* Losada).
62. El Tribunal Supremo de los EEUU afirmó que el humanismo secular es una religión en el caso Torcaso contra Watkins (367 US 488 [1961]), en el siguiente texto: «entre las religiones que no enseñan lo que normalmente se considera en este país una creencia en la existencia de Dios, están el budismo, el taoísmo, la cultura ética, el humanismo secular y otras».
63. Reimpreso de los *Manifiestos humanistas I y II.* Copyright 1973. Con permiso de Prometheus Books, Buffalo, New York.
64. *Free Inquiry* (Fall 1983), 10.
65. William J. Bennett, *The Index of Leading Cultural Indicators,* (Simon & Schuster, New York, 1994), 8.
66. Titus Livy, *The Early History of Rome* (Baltimore, Maryland; Penguin Books, 1960. Traducción al inglés por Aubrey deSelincourt), 18. (Tito Livio. *La historia de Roma: Desde su fundación*; libros VIII-X, Gredos, 2006).

67. Randy Phillips, «Now is the Time», *Men of Action* newsletter of Promise Keepers, Winter, 1994, 1.
68. Benjamin Franklin, *Works of the Late Doctor Benjamin Franklin Consisting of His Life, Written by Himself, Together with Essays, Humorous, Moral & Literary, Chiefly in the Manner of the Spectator,* Richard Price, ed. (Dublin: P. Wogan, P. Byrne, J. Moore, and W. Jones, 1793), 289.

ÍNDICE TEMÁTICO

AGRADECIMIENTOS

Por afinar mi pensamiento en torno a la cosmovisión bíblica, reconozco agradecido la influencia de autores y pensadores como Francis Schaeffer, James Sire, David Noebel, Darrow Miller, Albert Wolters, Charles Colson, Nancy Pearcey, Marvin Olasky, Herbert Schlossberg, Harry Blamires, Ronald Nash, Frank Gaebelein, H. W. Byrne, Timothy Evearitt y Albert E. Greene, hijo.

La corrección de textos es una destreza singular, y el talento de Katie Sisco sobre este particular es insuperable. ¡Gracias, Katie!

Gracias a mi amigo y colega, Don Johnson, Director de The Biblical Worldview Institute y Supervisor de Cascade Christian Schools, en Puyallup, Washington, por conceder permiso para reimprimir el fragmento del libro cuya autoría compartimos *Making the Connections,* publicado en 2002, que aparece en el Capítulo Ocho.

Por último, estoy especialmente agradecido a mi esposa Kathy, que revisó en repetidas ocasiones el manuscrito de *Supuestos y estilos de vida,* procurando que fuera comprensible para el lector común. ¡Gracias, cariño! Los lectores te dan las gracias.

Christian Overman
Director Fundador
Worldview Matters®

info@worlviewmatters.com
BLOG: www.biblicalworldviewmatters.blogspot.com

ESTIMADO LECTOR

Confío en oración que este libro haya logrado provocar un efecto transformador en su vida. Tal transformación puede ser en gran manera realzada mediante su interacción con otros. La investigación demuestra que la práctica y la retroalimentación juegan un papel vital en la creación de nuevos hábitos. Un estudio indica que la gente que practica una pericia retiene un 700% más que si simplemente lee sobre ella.

¿Le gustaría obtener un 700% más de este libro? Si es así, considere la posibilidad de recibir instrucción personal del autor.

Como instructor/coach de Faith-Integration, mi pasión personal es apoyar a seguidores de Cristo en sus puestos de trabajo [cualesquiera que sean], que quieran establecer conexiones más relevantes entre su trabajo y la cosmovisión bíblica. Con este objeto, brindo instrucción, por teléfono o Skype, a personas residentes en cualquier lugar del mundo.

Para obtener detalles, le invito a visitar mi página web Faith Integration Coaching en *www.firstcommission.blogspot.com.*

Christian Overman
Faith-Integration Coach
info@biblicalworldview.com
877.624.0230 (EEUU)